As Leis *da*
CORAGEM

As Leis *da* CORAGEM

Seja como uma flama ardente e libere seu verdadeiro potencial

Ryuho Okawa

Ⓡ IRH Press do Brasil

Copyright © 2009 Ryuho Okawa

Edição original em japonês: Yuuki-no-Hou – *Nekketsu Hi no Gotoku Are* © 2009 Ryuho Okawa.

Edição em inglês: © 2009 The Laws of Courage – *Unleash Your True Potential To Open a Path for the Future*

Tradução para o português © 2022 Happy Science

Imagens do miolo: págs. 160-161 ©Fotolia / demais fotos ©Shutterstock

IRH Press do Brasil Editora Limitada

Rua Domingos de Morais, 1154, 1º andar, sala 101

Vila Mariana, São Paulo – SP – Brasil, CEP 04010-100

Todos os direitos reservados.

Nenhuma parte desta publicação poderá ser reproduzida, copiada, armazenada em sistema digital ou transferida por qualquer meio, eletrônico, mecânico, fotocópia, gravação ou quaisquer outros, sem que haja permissão por escrito emitida pela Happy Science – Happy Science do Brasil.

ISBN: 978-65-87485-36-2

Sumário

Prefácio 9

Capítulo I
Amizade e Coragem
As portas se abrem para aqueles têm coragem de não ser levados pelos outros

1. A atitude que muda relacionamentos 13
2. Relacionamentos nos quais ninguém sai ferido 17
3. Não se deixe levar por relacionamentos nocivos 22
4. Coragem para distinguir o certo do errado 29
5. Aceitar desafios abre portas 34

Capítulo II
A Força para Suportar Grandes Adversidades
Uma nova perspectiva para encarar o sofrimento de outra forma

1. As regras fundamentais para transformar sérios reveses em colheitas da vida 45

2. Perspectivas e atitudes que resistem
às adversidades 52
3. Como aumentar sua capacidade de lidar com
os reveses 81
4. O melhor modo de viver 89

Uma mensagem para você 1
Tenha coragem e saia de sua concha 94

Capítulo III
Nunca Perca Seu "Espírito Faminto"
Torne-se uma pessoa diferente por meio
do estudo contínuo

1. Mantenha-se jovem com um "espírito faminto" 99
2. Três perspectivas que o ajudarão a crescer 103
3. É possível começar uma vida nova em qualquer
idade.. 107
4. O esforço atrai as forças do Céu 115
5. Um método de estudo para melhorar sua vida 119

Capítulo IV
Seja como a Flama Ardente
Descubra a verdadeira coragem imaginando
seus últimos momentos de vida

1. A diferença entre as pessoas bem-sucedidas e as que fracassam 131
2. Torne-se um bom líder que realiza um ótimo trabalho 146
3. Crie a segunda Renascença 154
4. Tenha a coragem de viver como uma flama ardente 156

Uma mensagem para você 2
   O destino cuidará de si mesmo se você tiver coragem 160

Capítulo V
Viva uma Vida Baseada na Verdade
Seu futuro mudará quando você perceber
sua conexão com a Árvore Cósmica

1. Uma nova perspectiva do mundo a partir da Árvore Cósmica 165

2. Alma gêmea: uma dica para compreender
   o sentido da vida 174
3. Eliminar o ódio que existe na Terra 182
4. Viver com fé acima de tudo 187
5. A Lei da Compensação 193

Posfácio 197
Sobre o autor. 199
O que é El Cantare? 201
Sobre a Happy Science 203
Contatos 205
Happy Science University 208
Happy Science Academy 210
Outros livros de Ryuho Okawa 211

Prefácio

Precisamos de mais pessoas com coragem neste mundo.

O sistema educacional continua a produzir adultos que têm medo de cometer erros. Esse sistema ainda está muito longe de receber uma boa nota de aprovação.

Não tema o fracasso. Os fracassos são como troféus de sua juventude. Você precisa extrair algo valioso deles. Se suas aspirações são reais, com certeza poderá levar uma vida tão entusiasmada quanto uma flama ardente.

Mantenha um "espírito faminto" e continue sempre buscando novos desafios. Enquanto tiver a ambição de perseguir algo mais alto, você continuará a crescer.

Não tema a morte. Ao contrário, tema viver uma vida sem realizações. Pare de arranjar desculpas e obrigue-se a dar mais um passo à frente.

A virtude só é alcançada quando se tem sabedoria, benevolência e coragem.

Ryuho Okawa
Mestre e CEO do Grupo Happy Science
Dezembro de 2008

Capítulo I

Amizade e Coragem

As portas se abrem para aqueles que têm coragem de não ser levados pelos outros

1
A atitude que muda relacionamentos

As amizades duradouras e as que não duram

Começarei este livro com o assunto "amizade e coragem". Embora seja um tema mais apropriado para estudantes e jovens adultos, este conteúdo ajudará todos os leitores a compreender quais atitudes importantes devem ter na vida.

Sempre ensino aos jovens que estudar é fundamental, e que eles devem aprender o máximo que puderem durante o período da mocidade, pois isso constitui um investimento para o futuro. Sinto, porém, que não tenho lhes ensinado o bastante sobre a maneira como devem relacionar-se com outras pessoas.

Então, agora pergunto: como você deve criar seus relacionamentos enquanto é jovem? A mensagem que tenho para dar à juventude é: uma amizade tem mais chance de ser bem-sucedida quando acontece entre duas pessoas independentes.

Alguns podem pensar que amizade é um relacionamento pegajoso, em que as pessoas não se separam, mas na verdade não é assim. Existem aspectos bons nesse tipo de amizade excessivamente próxima, mas é bem provável que as duas pessoas acabem brigando e que a amizade possa até acabar.

Para construir uma amizade que dure muito tempo, é preciso que cada um dos envolvidos tenha um certo grau de independência.

É mais fácil formar laços de amizade quando se é capaz de viver por conta própria. Bons relacionamentos são formados quando cada uma das pessoas tem a capacidade de cuidar de si mesma. São essas amizades que têm maior probabilidade de se tornar duradouras.

Por outro lado, uma amizade desmorona-se com facilidade quando uma das partes precisa dar apoio total e constante à outra, ou quando as duas se tornam demasiadamente próximas uma da outra por motivos egoístas.

A distância adequada para criar um bom relacionamento

Muitos relacionamentos terminam pela incapacidade de se manter uma distância adequada dos outros.

Capítulo I *Amizade e Coragem*

Por exemplo, algumas pessoas invadem sua zona de conforto e se agarram a você simplesmente por você aceitar um pequeno gesto de amabilidade ou uma palavra gentil delas. Às vezes, você também faz isso com os outros.

Essas pessoas entram pela porta da frente e se instalam em sua casa assim que você abre uma fresta e demonstra um leve interesse ou um pouco de compreensão por elas. É muito difícil manter uma amizade com pessoas desse tipo.

Há quem pense que a verdadeira amizade é um relacionamento em que as pessoas são extremamente apegadas uma à outra, mas, na verdade, é muito difícil ser amigo de alguém que pensa dessa maneira. A amizade é algo que se constrói lentamente, durante um longo tempo, mantendo-se uma distância apropriada da outra pessoa. O melhor é você construir uma amizade que se desenvolva de maneira gradual.

Há um certo risco em se tornar amigo íntimo de outra pessoa após um curto período de convivência, porque na maioria das vezes você ainda não conhece bem a pessoa e tampouco ela o conhece o suficiente. É importante formar amizades devagar, sem pressa. É preciso que as pessoas tenham tempo suficiente para se conhecerem bem. Use esse método de dedicar um certo tempo para aprofundar suas relações aos poucos. Se ficar constantemente criando e desfazendo amizades, você não apenas estará se magoando, como também magoando os outros.

O motivo mais comum de mágoa costuma ser um simples mal-entendido. Você pode compreender mal a outra pessoa ou vice-versa e, como resultado, cria-se uma situação difícil que acaba em separação, o que é muito triste. Para desenvolver um relacionamento duradouro, é necessário existir uma certa distância entre as duas pessoas. É raro surgir uma compreensão instantânea entre uma pessoa e outra, então o melhor é construir um relacionamento dando um passo de cada vez.

Dessa maneira, no nível de uma amizade casual, é possível ter uma ampla variedade de relacionamentos. Além disso, se for uma relação que você sente que não irá progredir, não tente aprofundá-la de maneira forçada. Se deixar a amizade num nível mais superficial, você conseguirá mantê-la por mais tempo.

2
Relacionamentos nos quais ninguém sai ferido

Quanto de si mesmo você revela?

Os relacionamentos se consolidam quando são construídos passo a passo. À medida que uma amizade se aprofunda, você e a outra pessoa começam a compartilhar seus pensamentos e sentimentos mais íntimos para assimilar o nível dessa amizade.

Vocês compartilham pensamentos e sentimentos entre si como se estivessem jogando cartas. Vocês jogam as cartas de seus pensamentos e sentimentos e se revezam, revelando-os corajosamente, um de cada vez. Ao fazer isso, cada um percebe as cartas que o outro possui, se são altas ou não. Se você ficar impressionado com as cartas do outro, poderá revezar mostrando suas cartas.

Conforme a amizade se aprofunda, vocês começam a jogar cartas cada vez mais altas. Entretanto, é preciso pensar com atenção até que ponto você está disposto a revelar suas cartas, e se deve fazer a última jogada ou não.

Pense bem até onde levar um relacionamento

É muito difícil duas pessoas se compreenderem por completo. Por isso, se você sente que determinado relacionamento acabará ferindo os envolvidos, é melhor que ambos mantenham alguma distância entre si. Mas, se você percebe que existe compreensão mútua, então é importante que os dois reflitam bem e decidam até que ponto devem deixar o relacionamento progredir. Se você chega a um ponto em que não pode avançar no relacionamento, é melhor parar nesse nível. Talvez, com o passar do tempo, algo aconteça para torná-lo mais profundo. Lembre-se também de que pode ser difícil formar uma amizade quando se jogam as cartas mais altas logo no início.

Quando eu era jovem, achava mais fácil fazer amizade com pessoas que tinham alguma compreensão a respeito de questões religiosas. Para mim, também era mais fácil conversar com aquelas que, mesmo não tendo essa compreensão, eram cultas e liam muitos livros. No entanto, na maioria das vezes, o relacionamento se tornava difícil quando atingíamos o ponto de falar sobre fé. Assim, em muitos casos, eu limitava o relacionamento ao nível de discutir apenas nossas filosofias ou pontos de vista sobre a vida. Também achava muito mais fácil conversar com indivíduos que eram dez ou quinze anos mais velhos do que eu. Pelo fato de ler livros instrutivos sobre vários assuntos, creio que desde muito jovem comecei a observar profundamente meu interior e as questões do mundo.

Como o meu maior interesse estava nas filosofias de vida, achava difícil fazer amizade com pessoas da minha idade. A maioria dos jovens na faixa dos 20 anos não pensa muito profundamente sobre a vida, então eu tinha pouca coisa em comum com eles.

É bom lembrar que, se duas pessoas compartilham os mesmos valores até certo ponto, é possível formar uma amizade, mesmo que uma delas seja dez ou quinze anos mais velha que a outra. Se você acha que não tem nada para conversar com pessoas da sua idade, tente passar um tempo com alguém mais velho.

Amizades que permitem conversas francas

Em sua mão, há cartas que representam suas crenças ou outros aspectos mais profundos do seu coração. Se você acredita em uma religião, essa será a carta da fé, e saber quando deve jogá-la é a parte mais difícil do jogo.

Por exemplo, digamos que você tenha colegas de classe com o mesmo grau de instrução ou um colega de escritório que ocupe uma posição semelhante à sua. Se você não jogar sua carta da fé, poderá manter com essa pessoa um relacionamento razoável no nível mundano. Porém, muitas vezes, quando a pessoa está para jogar a carta da fé, é como se uma gigantesca muralha subitamente se erguesse à sua frente.

Se um indivíduo de fé vai conversar com alguém que acha atraente e descobre que essa pessoa é completamente materialista, isso pode ser muito triste. Mesmo que esse indivíduo realmente goste da outra pessoa, queira namorá-la e pense em casar-se com ela, o futuro desse relacionamento será extremamente difícil pelo fato de terem valores completamente conflitantes.

A verdade é que a fé de uma pessoa é o santuário íntimo que ela manterá por toda a vida. No sentido mais profundo, a fé é a essência da pessoa, o melhor e maior indicador que revela o tipo de pessoa que ela realmente é. Se ambas as pessoas jogarem suas cartas da fé e a amizade permanecer forte, então elas estarão bem próximas do estágio final. Quando se trata de fé, cada pessoa tem seu próprio nível, seja superficial ou profundo. Assim, você deve ter muito cuidado ao jogar sua carta da fé. Essa carta só pode ser jogada depois que a amizade atingiu o nível em que as duas pessoas conseguem se abrir completamente uma com a outra.

Talvez você tenha um relacionamento entre pai e filho ou entre marido e mulher no qual existe um forte vínculo dármico, e é possível que vocês consigam conversar sem esconder nada um do outro. Todavia, no nível das amizades, haverá apenas umas poucas pessoas em toda sua vida que você poderá chamar realmente de "amigos de Darma" ou de "amigos no caminho da Verdade".

Quando se trata de fé, se você decidir assumir uma atitude de tudo ou nada em seus relacionamentos com os outros, ficará decepcionado com frequência. Tanto você como seus amigos acabarão se sentindo magoados. As pessoas podem se sentir magoadas ou acabar magoando umas às outras por causa de sua falta de habilidade para lidar com relacionamentos.

Portanto, é importante jogar suas cartas aos poucos e aprofundar sua amizade enquanto você avalia com cuidado até que ponto pode expandir esse relacionamento. Esta é uma boa maneira de se relacionar com seus amigos.

3
Não se deixe levar por relacionamentos nocivos

A escolha de mentores e amigos e sua influência decisiva em nossa vida

Uma decisão importante que você deve tomar em sua época como estudante ou durante sua juventude é quem deve escolher como mentor ou amigo. O relacionamento entre você e seu mentor e seus amigos irá afetá-lo profundamente, porque essas pessoas exercerão uma grande influência em seus pontos de vista sobre a vida e sobre o seu futuro.

Existem muitas dificuldades na hora de escolher seu mentor e seus amigos. Um mentor é como a Estrela Polar, que mostra o caminho ou a direção que você deverá seguir por várias décadas. É por isso que escolher um mentor é uma tarefa difícil. O mesmo vale para a escolha dos amigos. Se você escolher os amigos errados, pode acabar se desviando do seu caminho. Assim, é importante pensar bem antes de escolher seus amigos.

Há 2.600 anos, Buda Shakyamuni ensinou repetidas vezes que não se deve fazer amizade com pessoas tolas nem passar o tempo com más companhias. Ele dizia que era melhor caminhar sozinho, como o "chifre do rinoceronte", do que andar com esse tipo de gente. Ensinou também que uma pessoa deve fazer amizade com quem tem qualidades melhores do que as dela e com aqueles que andam pelo caminho da Verdade. Ele costumava dizer: "Se você não pode fazer bons amigos, então deve percorrer o caminho sozinho, como o solitário chifre de um rinoceronte".

A imagem de um rinoceronte com seu único chifre, andando sozinho, evoca um certo ar de nobreza. Com essa metáfora, Buda Shakyamuni estava ensinando que uma pessoa só deve andar na companhia daqueles que buscam a Verdade e daqueles que têm qualidades melhores do que as dela. Ele ensinou que é muito melhor estar sozinho, sem se relacionar com ninguém, do que conviver com más pessoas.

Há um ditado que diz: "Uma maçã podre estraga todas as outras do barril". Se você conviver com maus amigos, aos poucos se tornará igual a eles. A menos que se afaste de pessoas desse tipo, acabará se tornando cúmplice de suas más ações por causa de seus sentimentos de engajamento com elas.

Amigos dizem o que precisa ser dito

Hoje vemos no Japão um aumento no número de furtos em lojas praticados por estudantes. Em muitos casos, não é apenas uma pessoa que age, mas um grupo. Enquanto um dos integrantes do grupo pratica o furto, os outros o ajudam, vigiando para que ninguém o pegue ou distraindo os vendedores, fingindo que vão comprar alguma coisa. É fácil para um grupo cometer esses delitos em lojas de conveniência, porque nesses lugares geralmente há apenas uma pessoa trabalhando.

Às vezes as pessoas formam gangues para cometer furtos em lojas. Esse é um exemplo de maus amigos, e se você se juntar a um grupo desses, formado por seis, sete ou oito pessoas, achará muito difícil ficar de fora quando um roubo estiver sendo planejado. Se você tentar ficar de fora, os outros membros do grupo vão considerá-lo presunçoso e podem até fazer ameaças, dizendo que vão expulsá-lo do grupo. Haverá vezes em que você acabará participando, mesmo que não queira.

Esse tipo de amizade é pernicioso. Mas, se você é de fato amigo deles, é sua responsabilidade criar um relacionamento no qual possa dizer-lhes que estão fazendo algo errado e que não devem fazê-lo. Pode ser que algumas amizades acabem quando você tentar impedi-los de fazer algo errado. Talvez eles lhe digam que você não é bom o bastante para pertencer ao grupo, mas você não deve se importar com isso, mesmo que a amizade termine.

Como Buda Shakyamuni ensinou: "Seja como o chifre de um rinoceronte e caminhe sozinho". Diga a esses maus amigos: "Se preciso fazer o que fazem para ser amigo de vocês, prefiro seguir meu caminho sozinho e viver minha vida em busca da Verdade. Algum dia encontrarei amigos que sigam a Verdade comigo; então, não preciso da amizade de vocês".

Se você acredita que seus amigos estão fazendo algo errado, deve ter a coragem de dizer a eles que estão errados. Se não fizer isso, eles poderão acabar se tornando criminosos ou arruinar o futuro que poderiam ter tido. Isso não pode, absolutamente, acontecer. Você deve dizer o que precisa ser dito.

Bullying é uma "atividade de gangue" em escala reduzida

Vamos pegar como outro exemplo o problema social do *bullying*, ou perseguição, que costuma ocorrer nas escolas. Podemos ver essa intimidação como uma espécie de cópia em miniatura de "atividade de gangue", pois raramente uma pessoa é intimidada por um único indivíduo. Na maioria dos casos, há um chefe que lidera seus "capangas" para atormentar determinada pessoa. Mesmo sendo uma tática injusta e suja, boa parte do *bullying* ocorre quando um grande bando ataca um pequeno grupo de pessoas.

No entanto, muitas pessoas do grupo de agressores não querem realmente agredir ninguém. Só fazem isso por medo do líder. Enquanto fizerem o que o líder manda, ele as protegerá e sairá com elas. Elas acompanham constantemente todas as ações do grupo porque temem ser excluídas.

Esses grupos de *bullying*, liderados por seus "chefes", costumam atormentar alunos novos ou aqueles que são transferidos de outra escola. O grupo faz com que todos os integrantes participem juntos da "cerimônia de intimidação" para fortalecer a união entre eles. É a mesma lógica utilizada pelas gangues para envolver pessoas em um assalto e torná-las suas cúmplices. Cada envolvido terá mais consciência de pertencer ao grupo, e passará a se juntar aos outros na prática do *bullying*.

Portanto, mesmo que sintam que é errado perseguir e intimidar os outros, eles não podem apenas deixar o grupo. Ao participar dos atos de *bullying*, são aceitos pelo grupo e ficam protegidos de virarem alvo de perseguição. Por isso, aqueles que já foram alvos de perseguição muitas vezes acabam se tornando membros de grupos de perseguidores. A vítima junta-se ao grupo de atormentadores assim que o foco do *bullying* muda para outra pessoa.

Desse modo, mais e mais pessoas com o desejo de serem aceitas se juntam ao grupo, tornando-o maior e aumentando sua força perversa. No começo, é apenas uma pessoa, depois são duas, e o número cresce cada vez mais para cinco, dez ou até vinte pessoas. Tudo se baseia na ideia de que não há nada a temer quando se faz em conjunto.

Um relacionamento maligno é como uma hierarquia no Inferno

Quando há dez ou vinte alunos de uma mesma classe intimidando um colega, é quase impossível identificar com precisão um único culpado. Do mesmo modo, o professor pode punir um único aluno por perseguir um colega, mas quando são dez ou vinte agressores contra uma vítima, é difícil para o professor punir todos esses alunos para proteger uma pessoa.

Por essa razão, mesmo que o professor perceba que está ocorrendo *bullying* contra alguém, ele intencionalmente ignora a situação. Se castigar todos os perseguidores, que se tornaram o grupo predominante da classe, será o caos, e todos os alunos deixarão de respeitá-lo. Os estudantes podem iniciar uma greve, recusando-se a ouvir o que o professor diz. Nessa situação, nenhum professor consegue punir seus alunos. E assim o mal continua a crescer.

Esse padrão é muito semelhante ao que ocorre nos reinos do Inferno no mundo espiritual. Assim como os alunos que praticam *bullying* na escola, no Inferno os demônios mais fortes induzem os demônios mais fracos e os espíritos malignos a atacar os outros. Como a hierarquia de poder é a base dos relacionamentos no Inferno, aqueles que podem atacar com mais força e têm maior poder para caluniar os outros se tornam líderes. Uma multidão de seguidores cerca os líderes e, como grupo, atormentam os que são mais fracos. Além disso, estão sempre procurando aliciar novos seguidores.

Capítulo I *Amizade e Coragem*

Se você observar o *bullying* entre crianças, poderá ver que é idêntico ao que acontece no Inferno. Os métodos e a abordagem das crianças têm uma semelhança impressionante com a conduta do Inferno. Mesmo na escola fundamental, há muitas crianças que são possuídas por demônios de nível inferior. Existem até aquelas que são possuídas por demônios muito mais fortes. À frente dos grupos de *bullying* de certo tamanho, há líderes que têm uma influência relativamente forte sobre os demais. Por isso, pode haver casos em que demônios poderosos estejam possuindo esses líderes. Você não deve nunca envolver-se nesse tipo de relacionamento maligno. Não deve ser cúmplice de ações malévolas.

4
Coragem para distinguir o certo do errado

Duas mentalidades que fazem o mal proliferar

A propagação do mal pode ser observada em muitos lugares deste mundo, mas o que está na raiz disso tudo? Uma das causas do mal é a mentalidade de seguir o conceito democrático da regra da maioria, adotado após a Segunda Guerra Mundial. Esse conceito afirma que a opinião da maioria é a correta.

Voltando ao exemplo do *bullying* nas escolas, as crianças e os adolescentes acham que a conduta da maioria da turma é a que está correta. Pensam que, como todo mundo está roubando lojas, agindo com violência, perseguindo e atormentando os outros, isso é o que eles também devem fazer, e que sairão perdendo se não pertencerem a um grupo que tem esse comportamento. Assim, uma das origens do mal é a ideia de que a maioria determina o que é correto.

Outra causa é a tradicional mentalidade provinciana, notada sobretudo na sociedade japonesa. Essa ideia afirma que todos são iguais. Portanto, você é considerado correto quando tem essa mentalidade coletiva e faz o que todo mundo está fazendo. Se, porém, uma pessoa vai contra a conduta do grupo, seu comportamento é visto como errado.

Em outras palavras, esse é o princípio do ostracismo, pelo qual se julga errado qualquer um que tenha uma opinião diferente. Ser diferente da maioria, separar-se do grupo ou agir de acordo com a própria vontade, e não a do grupo, são atitudes indesejáveis.

Na verdade, essas mentalidades funcionam como catalisadores que espalham o mal.

Aprenda as regras universais do certo e do errado

Há crianças que testemunham atos criminosos cometidos em grupo, como o *bullying* nas escolas, e se manifestam contra isso. Em muitos casos, são crianças que viveram em um país estrangeiro ou cujos pais moraram algum tempo no exterior. Há também aquelas que não se encaixam nesses casos, mas têm pais que frequentaram escolas missionárias ou outras escolas religiosas. Se foram criadas de acordo com os ensinamentos de uma religião, tendem a ver como errados os atos de *bullying* na escola.

No entanto, quase todas as pessoas que não se encaixam nessas categorias tendem a acreditar que a maioria está sempre certa. Desse modo, geralmente caem sob a influência da maioria. A razão disso é que elas não têm nem sequer um entendimento básico do que é certo ou errado.

Por outro lado, as pessoas que acreditam nos princípios morais ensinados por Buda e Deus e agem de acordo com eles não se preocupam com o que a maioria de uma sociedade provinciana pensa ou faz. Essas pessoas não pensam em se salvar. A Verdade é a base de suas ações, e elas fazem naturalmente o melhor que podem para determinar o que é certo e o que é errado, sem se preocupar com a salvação. Portanto, podem dizer claramente que determinado tipo de comportamento é errado, que é errado intimidar pessoas mais fracas.

De acordo com minhas experiências, posso afirmar que as pessoas que passaram algum tempo no exterior são bastante diretas em dizer que algo está errado quando sentem que está errado. Um estilo de vida que transcende fronteiras internacionais requer certos padrões ou regras universais. É por isso que há princípios morais religiosos que ultrapassam a nacionalidade ou o provincianismo.

Essa é a razão pela qual eu desejo intensamente mudar o sistema educacional japonês, para que as crianças aprendam os conceitos religiosos de certo e errado e adquiram uma perspectiva global.

Viva com mais coragem

Para tornar o mundo um lugar melhor, não podemos adequar nossas decisões ao princípio da regra da maioria. Precisamos determinar quais padrões são universalmente aceitos como certos ou errados e agir de acordo com eles. Eu peço aos jovens, principalmente, que tenham mais coragem. Aqueles que não encontram coragem na juventude não a encontrarão quando envelhecerem.

É comum vermos pessoas que são corajosas na juventude e que aos poucos acabam parando de dizer o que de fato pensam e se tornam mais conservadoras quando passam a ter uma família para sustentar ou começam a ter maiores responsabilidades no trabalho. Mas, uma pessoa que não tem coragem na juventude, de modo algum será corajosa mais tarde na vida. E há também pessoas que já tiveram coragem, mas que a perderam depois de um fracasso ou por terem sido criticadas.

No entanto, o mundo precisa de pessoas que se oponham a essa tendência e que argumentem corretamente, porque o planeta não melhorará em nada se todos concordarem com a opinião da maioria. Em todas as épocas, a religião sempre procurou melhorar o mundo, buscando valores que permitam a realização da justiça e, como tem ensinado continuamente que o sistema mundano de valores está errado, a religião conserva essa característica revolucionária que trabalha para mudar esse sistema.

Em muitos casos, se dependesse do voto da maioria, a religião perderia para a opinião do mundo. No entanto, se desistirmos só porque o mundo é governado pela decisão da maioria e pensarmos que nada pode ser feito a esse respeito, a Verdade religiosa não poderá ser estabelecida na Terra. Se nos curvarmos aos valores deste mundo, a religião desaparecerá da face da Terra.

Se quisermos realmente tornar o mundo um lugar melhor, precisamos continuar tentando, mesmo enfrentando oposição, perseguição e provações. O fato é que é preciso coragem para fazer o que é certo. Eu lhe peço, então, que tenha coragem. Por favor, viva uma vida cheia de coragem.

5
Aceitar desafios abre portas

Torne-se uma pessoa interessante

Quero falar aos jovens sobre um outro assunto ligado à coragem. Desejo que todos se tornem pessoas de fato interessantes. Muitos estudantes e jovens religiosos são realmente dedicados e sinceros, mas, mesmo assim, a geração mais velha não os considera muito interessantes.

Todas as religiões enfatizam a virtude da submissão e a obediência a Buda e a Deus, e é perfeitamente correto seguir esse ensinamento com sinceridade. Porém, quando as pessoas dizem que os jovens não são interessantes, não estão se referindo à seriedade, mas ao estreito campo de seus interesses ou aos poucos assuntos sobre os quais eles podem discutir.

Quando eu era jovem, de forma alguma era uma pessoa chata. Por exemplo, quando estava na casa dos 20 anos, passei algum tempo em Nova York. Meus amigos americanos me achavam franco e engraçado. Muitos americanos tendem a valorizar aqueles que são capazes de externar suas opiniões, porque fica mais fácil saber o que pensam. Eu era assim, e as pessoas me achavam uma pessoa cativante.

Peço aos jovens, estudantes ou não, que sejam intrigantes. Que desenvolvam interesse por vários assuntos e, se tiverem algo a dizer, digam. Isso é muito importante. Sejam corajosos e expressem suas opiniões. Não temam contratempos ou fracassos e estejam sempre alertas, à procura do próximo desafio.

Os jovens não temem o fracasso

Enquanto você estiver desafiando a si mesmo, sempre haverá fracassos. Pessoas que estabelecem metas altas inevitavelmente experimentam o fracasso. No entanto, as que temem fracassar já se entregaram à velhice. Elas já desistiram de sua juventude. À medida que ficam mais velhas vão, de forma natural, tornando-se mais conservadoras e cautelosas, e cada vez mais deixam de fazer coisas novas.

Há muitos casos de executivos de empresas, por exemplo, que param de inovar quando envelhecem, e a empresa os obriga a pedir demissão. Os tempos sempre mudam, mas eles perderam a capacidade de tentar coisas novas. Em uma certa idade, esses executivos são convidados a deixar o cargo e, dessa forma, estão efetivamente sendo expulsos da empresa.

É natural, e também essencial, que enquanto você é jovem tenha o espírito de experimentar coisas novas. Mesmo que uma pessoa mais velha o alerte para não fazer isso, você precisa ter força bastante para insistir e tentar fazer o que pretende.

Se não tiver essa força, você não pode se considerar jovem. Os jovens devem continuar aceitando desafios sem medo do fracasso. Aqueles que afirmam que "nunca falharam" na verdade estão dizendo que "nunca tentaram".

O mesmo acontece no mundo profissional. As pessoas que não trabalham não falham. Entretanto, aqueles que são ambiciosos e trabalham com determinação positiva passarão por muitos fracassos.

Um novo negócio só poderá ser criado se as pessoas continuarem sendo desafiadoras. De cada dez pessoas que criam um novo negócio, dizem que apenas uma será realmente bem-sucedida. Mas, mesmo sabendo disso, você deve estabelecer metas altas e continuar enfrentando seus desafios, ou o caminho nunca se abrirá à sua frente.

Se você é estudante, pode dizer o mesmo sobre esportes. Alguns estudantes entram para um time esportivo da escola com o objetivo de, pelo menos, serem jogadores da reserva. Cerca da metade deles alcançará esse objetivo, mas, à medida que se tornam titulares e começam a jogar em campeonatos regionais e nacionais, fica mais difícil atingir essas metas. Na verdade, se sua meta for ganhar uma medalha de ouro nos Jogos Olímpicos, sua probabilidade de fracassar é de 99,99%.

O maior fracasso na vida de alguém é jamais ter falhado.

Capítulo I *Amizade e Coragem*

Não importa qual seja seu mundo de atuação, quanto maior for seu objetivo, maior será sua chance de fracassar. No entanto, se você tiver medo do fracasso desde o início e nem chegar a tentar, nunca será capaz de realizar nada.

Eu mesmo experimentei muitos fracassos na vida. Muitas vezes ainda fracasso quando tento realizar algo novo, e sei que, enquanto estiver desafiando novas coisas, sempre haverá fracassos. Porém, continuo a tentar, com o objetivo de abrir o futuro para a humanidade. O caminho permanecerá fechado se eu não continuar enfrentando desafios sem temer o fracasso.

Se você baixar o nível de suas metas, não fracassará tanto. Se não fizer nada, não fracassará nunca. Todavia, pessoas assim são aquelas que não aceitam nenhum desafio. Será que você se sentirá bem se chegar ao fim da vida sem ter enfrentado nenhum desafio?

O maior fracasso na vida de alguém é jamais ter falhado. Nunca ter falhado é o maior fracasso que você pode cometer na vida. Lembre-se disso. Aqueles que experimentam muitos fracassos são aqueles que desafiaram a si mesmos muitas vezes. Por favor, não tenha medo de fracassar. Siga em frente com coragem, desafiando-se.

O reconhecimento vem mais tarde

Citei esportes e negócios como exemplos, mas a questão sobre a que altura devemos colocar nossas metas aplica-se a todas as situações da vida. Quanto mais alta a meta, maior a chance de fracasso. Contudo, se a meta que você deseja alcançar está no rumo certo, se você tem interesse e curiosidade por ela, e se tem vontade de tentar, então vá em frente e siga esse caminho. Espero sobretudo que os jovens tenham como maior objetivo se tornarem o alicerce para inaugurar a nova era.

Essa nova era não é algo que uma única pessoa possa criar. Isso só poderá acontecer quando muitas pessoas tiverem ideais e continuarem a aceitar desafios. Embora possa haver muitos caindo pelo caminho e, de maneira figurada, pavimentem esse caminho com seus corpos, precisamos de indivíduos que superem com coragem aqueles que caem. Então, à medida que surgir um número cada vez maior dessas pessoas, chegará o amanhecer da nova era. Você não deve ter medo de fracassar. Os jovens precisam querer ir tão longe quanto puderem, mesmo que caiam algumas vezes ao longo do caminho.

Quanto a isso, espero que, se você cair, possa servir de lição e exemplo para aqueles que herdarão seus ideais daqui a cinco, dez ou vinte anos. Espero que os encoraje a superá-lo, a aprender com seus fracassos e ganhar sabedoria com suas experiências. Você deve incentivá-los a ir mais longe do que você foi em seu caminho.

Desde a juventude tenho sido muito criticado. Trabalhando como líder religioso, fui submetido a críticas de uma forma mais severa do que as pessoas podem imaginar. No entanto, não deixei que isso me afetasse. Enquanto trabalhava duro repetindo para mim mesmo que não seria derrotado, mais e mais pessoas começavam a se juntar a mim. O número de pessoas que acreditavam em mim cresceu, e a instituição se estabeleceu. Agora, décadas depois, a crítica do mundo está mudando, e as pessoas começam a pensar que, talvez, aquilo que ensino não seja apenas uma grande mentira.

Fica evidente, então, que o reconhecimento vem muito mais tarde. Portanto, não seja o tipo de pessoa covarde que não entra em ação a menos que seja imediatamente reconhecida pelo mundo. Se você acredita que algo está certo ou que algo é verdadeiro, deve ter o espírito de enfrentar desafios.

Com base na "amizade e na coragem", neste capítulo discuti como construir relacionamentos, os valores do que é certo e do que é errado e o espírito de desafio – uma atitude mental importante que você deve manter em sua vida. Por favor, não tema a solidão. Tenha a coragem de levar uma vida cheia de força. Espero que este capítulo sirva de guia para você.

Capítulo II

A Força para Suportar Grandes Adversidades

*Uma nova perspectiva para encarar
o sofrimento de outra forma*

AS LEIS DA CORAGEM

1
As regras fundamentais para transformar sérios reveses em colheitas da vida

Os significados positivos dos grandes contratempos

Neste capítulo, intitulado "A força para suportar grandes adversidades", falarei principalmente sobre a atitude mental que você deve ter quando enfrenta o fracasso, o sofrimento e os infortúnios da vida.

Acredito que há muita gente procurando esse tipo de ensinamento na sociedade de hoje. É claro que as pessoas ficam felizes quando são bem-sucedidas ou alcançam vitórias na vida, mas, na verdade, é muito difícil passar uma vida inteira numa sequência contínua de vitórias. Quanto melhor uma pessoa consegue resolver os problemas da vida, mais difíceis são os desafios que ela enfrenta. Aqueles que continuam a ter sucesso estabelecem objetivos cada vez mais altos, e pessoas acostumadas a vencer procuram oponentes mais fortes com os quais possam competir. Toda pessoa acabará se defrontando com uma muralha em algum ponto de seu progresso.

A primeira coisa que você precisa perceber quando pensa em reveses é que eles por si sós não são algo ruim. Da perspectiva deste mundo, num nível superficial, os contratempos são vistos como coisas más e os sucessos como coisas boas. No entanto, do ponto de vista mais profundo da Verdade, esse nem sempre é o caso.

Algum tempo atrás, o "estudo do fracasso" foi alvo de muita atenção. O objetivo desse estudo era analisar a causa de certos fracassos, para evitar que se repetissem no futuro. Observar como outras pessoas falham pode ser útil para você, porque existem muitos padrões semelhantes de fracasso.

Estudar o que não funciona bem para outros permitirá que você evite cometer os mesmos erros até certo ponto e, dependendo do caso, esse conhecimento pode ajudá-lo a superar seus próprios erros com mais facilidade. Você pode também aprender a começar o dia seguinte com uma atitude renovada e positiva sem se sobrecarregar com preocupações, mesmo que fracasse.

As falhas podem ser transformadas em sabedoria. Se você não estiver ciente dessa perspectiva, perderá muito do sentido da vida. Para começar, a religião ensina que este mundo é apenas um mundo temporário, e que o mundo verdadeiro é o que existe além deste. Viver neste mundo é o mesmo que deixar sua cidade natal e viajar para um país estrangeiro, onde viverá durante um certo tempo. Você cometerá vários erros nessa jornada, mas, na realidade, este não é o mundo verdadeiro.

Os seres humanos são, em essência, seres espirituais que habitam um corpo físico. O propósito de nascer neste mundo é adquirir experiências para a alma. Os fracassos e reveses fazem parte dessa experiência e, portanto, permanecerão em você como sabedoria adquirida.

Tenho ensinado isso repetidas vezes, e essa é, de fato, a Verdade. Todas as pessoas devem ter como objetivo levar a vida mais frutífera possível. Se você olhar para sua vida com a perspectiva de colher frutos, acredito que terá muito a ganhar com suas experiências de sucessos e fracassos.

A sabedoria adquirida com as adversidades

Quando olhamos por uma perspectiva mais ampla, vemos que as adversidades também estão presentes na vida de uma nação. Perder uma guerra é um exemplo de revés.

Quanto melhor uma pessoa consegue resolver os problemas da vida, mais difíceis são os desafios que ela enfrenta.

Capítulo II *A Força para Suportar Grandes Adversidades*

O Japão lutou contra a China e a venceu na Guerra Sino-Japonesa, e também venceu a Rússia na Guerra Russo-Japonesa. Embora tenha tido uma participação limitada, o Japão estava do lado vencedor na Primeira Guerra Mundial.

Naquela época, o país era arrogante porque havia vencido três vezes seguidas.

Os japoneses acreditavam que, se entrassem numa guerra, o *kamikaze* ("vento divino") sopraria e concederia a vitória à nação divina do Japão. Porém, o país foi derrotado de maneira bastante trágica na Segunda Guerra Mundial.

É uma experiência dolorosa e terrível ser derrotado em uma guerra, e a derrota do Japão na Segunda Guerra Mundial foi, sem dúvida, um desastre nacional. Todavia, sinto que o que o país aprendeu com a derrota foi muito significativo. Considerando-se que ele tem prosperado, por mais de sessenta anos, desde o fim da Segunda Guerra Mundial, podemos dizer que, por causa dessa derrota, os japoneses aprenderam a refletir sobre si mesmos e tornaram-se humildes. O nariz empinado do povo foi quebrado, e eles aprenderam que não era certo se tornarem *tengus* àquele ponto; não deveriam ser arrogantes e presunçosos. Dessa forma, os cidadãos foram capazes de começar tudo de novo.

Os esforços diligentes da população geraram frutos, conduzindo o país à prosperidade do pós-guerra que conhecemos hoje. Tenho certeza de que, logo depois da guerra, ninguém imaginava a prosperidade que o Japão iria alcançar. Se olharmos apenas para a derrota, só veremos um resultado trágico, mas essa experiência levou os japoneses a progredirem.

Como se pode ver por esse exemplo, vitórias contínuas podem levar à arrogância, mesmo em nível nacional. O Japão havia vencido tecnicamente três guerras consecutivas, começando pela Sino-Japonesa, mas, na realidade, na Guerra Russo-Japonesa considerou-se um vencedor por meio de julgamento. O Japão só conseguiu vencer aquela guerra porque os Estados Unidos serviram de mediadores.

O fato é que o país não tinha mais forças para continuar lutando, e é até surpreendente que tenha sido considerado vitorioso. Mesmo que você enfrente uma batalha que normalmente não teria vencido, e a vença por acaso, há momentos em que seu modo de pensar pode vacilar.

Capítulo II *A Força para Suportar Grandes Adversidades*

Agarre sua chance de progredir na vida

O sucesso contínuo, que leva à arrogância e, por sua vez, ao fracasso, também pode ser visto no mundo dos negócios.

Konosuke Matsushita (1894-1989), fundador da Panasonic, disse: "Não é bom ter sucesso continuamente. É melhor você falhar uma vez depois de ter sucesso três vezes". É óbvio que Matsushita não estava incentivando ninguém a fracassar.

Quando o sucesso é contínuo, as pessoas começam a ficar convencidas e negligentes. Tornam-se arrogantes, perdem de vista suas próprias limitações e acabam cometendo erros grandes e destrutivos. No entanto, um fracasso após três sucessos, aproximadamente, tem um efeito moderador sobre a pessoa. É como o sal que, adicionado a um prato, realça o sabor da comida. Os fracassos ajudam as pessoas a refletirem sobre si mesmas e incute nelas o desejo de se tornarem humildes. As palavras ditas por Matsushita são de um sábio.

Quando as pessoas pensam que simplesmente continuarão a vencer, há vezes em que na verdade estão perdendo a capacidade de fazer um julgamento objetivo de sua situação. É também possível que não estejam travando batalhas reais e que não estejam, de fato, desafiando a si próprias.

Se você acha que os fracassos e as adversidades nada mais são do que coisas ruins que acontecem e que evitá-los é o caminho para vencer na vida, está enganado. Ao fazer isso, você pode estar perdendo uma grande chance de progredir ou uma enorme oportunidade para seu espírito se transformar e florescer. Essa é uma característica dos fracassos e reveses que você precisa perceber.

2
Perspectivas e atitudes que resistem às adversidades

Olhar por um ângulo diferente

Quanto mais uma sociedade enriquece, maiores se tornam os nossos desejos. Quanto maiores são os nossos desejos, maior se torna o obstáculo à nossa satisfação. As pessoas comparam-se às outras e sofrem com a questão de vencer ou perder. No entanto, há mais de uma maneira pela qual podemos enxergar as coisas. Ao mudar a maneira como você olha para uma certa situação, pode encontrar algo mais além do sofrimento causado pelos fracassos e reveses. Aqui estão alguns exemplos específicos que mostram como isso é verdade.

Transforme sua perspectiva 1: Uma mudança de ambiente pode mudar sua visão do cenário
Comparada à Índia, Tóquio parece uma cidade futurista

Primeiro, vamos analisar a perspectiva do seu ambiente. Enquanto lê este livro, talvez você esteja se sentindo insatisfeito com a situação em que se encontra. Talvez esteja sofrendo por causa disso. No entanto, para alguém de outro país, o lugar onde você mora pode parecer bem diferente de como você o vê. Algum tempo atrás, quando voltei ao Japão depois de ter passado duas semanas na Índia, tive a impressão de que estava chegando a uma cidade do futuro. Enquanto ia de carro do Aeroporto de Narita a Tóquio, fiquei surpreso com as excelentes condições das estradas japonesas. Era quase como se eu estivesse num disco voador deslizando pelo espaço, de tão suave e sem sacolejos que foi o percurso.

Antes de ir à Índia, a única coisa que eu pensava sobre as estradas do Japão era que elas eram muito movimentadas, com carros demais. Dirigindo por elas, nunca havia prestado atenção ao fato de serem tão boas. Entretanto, quando fui visitar locais históricos budistas no interior da Índia, dirigimos por estradas quase sem nenhuma pavimentação e cheias de buracos. Depois de viajar por essas estradas, tão esburacadas que acabaram com os pneus do carro, percebi o quão perfeitamente pavimentadas eram as estradas japonesas.

Este é um exemplo de como as coisas podem parecer diferentes quando as olhamos de um ângulo diferente.

Transforme sua perspectiva 2:
Sua vida não é sua formação acadêmica
Quanto mais renomada a escola, maior a taxa de suicídio

Quando penso no que poderia estar causando sofrimento aos jovens, um dos motivos poderia ser a dificuldade que uma pessoa enfrenta para ser admitida numa boa escola. Posso imaginar como é difícil enfrentar a "guerra dos exames de vestibular". Contudo, em comparação com os países onde as pessoas quase não têm oportunidade de receber educação, pode-se dizer que você é abençoado por viver em uma nação que oferece muitas chances de aprender. Espero que você também veja sua situação por essa perspectiva.

Além disso, como hoje as escolas japonesas são classificadas com base no percentil, isso pode significar sucesso ou fracasso para o candidato, de acordo com o número de pontos – alto ou baixo – que ele fizer. Todavia, entrar para uma boa escola não garante o sucesso de uma pessoa, assim como entrar para uma escola de nível mais baixo não significa que a pessoa fracassará. Por exemplo, há pessoas que afirmam que a taxa de suicídio é mais alta em escolas de difícil acesso.

No Japão, a Happy Science promove a Campanha de Combate ao Suicídio já há alguns anos, mas isso não significa necessariamente que as pessoas que chegam ao fundo do poço na vida cometerão suicídio ou que as bem-sucedidas não irão se matar. Na verdade, existem muitos indivíduos que cometem suicídio porque enfrentam um grave problema depois de alcançar um certo nível de sucesso.

Embora esse episódio tenha ocorrido há mais de trinta anos, quando eu tinha acabado de me matricular na Universidade de Tóquio, lembro-me de ter ouvido algo que até hoje me impressiona.

Um dia, certo professor se dirigiu aos alunos em uma grande sala de aula. Ele disse: "Todos os anos, pelo menos um estudante do LAC I (acrônimo de Liberal Arts Core, Centro de Artes Liberais) comete suicídio, mas isso não ocorre com os estudantes do LAC II".

O LAC I refere-se à faculdade de direito em que os alunos pretendem se tornar funcionários do governo ou seguir a carreira jurídica, e o LAC II inclui alunos da faculdade de economia, e é composto sobretudo de alunos que vão trabalhar em corporações empresariais depois de formados.

O professor comentou: "O LAC I está cheio de pessoas que estavam academicamente no topo de sua classe no ensino médio, lá em suas cidades natais. Então, essas pessoas, que não suportam outra coisa além de ser as melhores, não conseguem lidar com qualquer fracasso e cometem suicídio. Sejam cautelosos, porque esse tipo de perspectiva e esse modo de pensar não são corretos".

Claro, sempre haverá uma classificação que vai das posições mais altas até as mais baixas, mesmo que todos os estudantes tenham sido os melhores na sua cidade natal. Mas existem alunos que não conseguem aceitar isso.

As pessoas que já têm uma certa propensão a aceitar a derrota são as mais resistentes diante de uma adversidade. Aquelas que não conseguem lidar com o fato de não serem consideradas as melhores podem facilmente apelar para o suicídio.

As pessoas que foram bem-sucedidas no início podem sofrer quando seu caminho começa a se tornar mais estreito e difícil. Algumas acham inaceitável que a vida não se abra de modo amplo e contínuo para elas, o que as leva a cometer suicídio por impulso quando algo dá errado.

Por outro lado, os estudantes que frequentam escolas de menor prestígio tendem a saber qual é o seu lugar logo no início, e não criam expectativas que estão fora de seu alcance.

As pessoas que não se consideram "as melhores do mundo" não se voltam para o suicídio com tanta facilidade. Quando a vida delas começa a florescer, todos ficam surpresos. Há indivíduos cuja vida começa a deslanchar bem a partir de uma certa fase, mesmo que tenham entrado em uma escola sem muito prestígio.

Transforme sua perspectiva 3: A força para resistir aos fracassos no trabalho
O fracasso no início da vida cria imunidade contra futuras adversidades

Embora esse possa ser um exemplo extremo, há moradores de rua que vivem competindo com os pássaros pelo alimento que os outros jogaram fora, que encontram abrigo nas ruas e ainda assim estão vivendo com bravura.

Por outro lado, existem presidentes e chefes de departamento de grandes empresas que cometem suicídio quando a empresa chega à beira da falência. Comparados aos sem-teto, esses executivos estão numa posição tão diferente quanto o Céu é diferente do Inferno. Mesmo assim, esses indivíduos que estão em posições mais favoráveis são os que mais buscam dar fim à própria vida. Há também aqueles que se formaram no curso de direito da Universidade de Tóquio com notas excelentes, conseguiram um emprego no Ministério das Finanças e cometem suicídio, lamentando-se da vida porque foram derrotados na corrida por uma promoção.

Se você pensasse em quem seria o verdadeiro vencedor ou perdedor na vida, provavelmente não escolheria alguém que foi elogiado por seu brilhantismo

Capítulo II *A Força para Suportar Grandes Adversidades*

no início, mas que acabou saltando de um prédio para morrer. Devo dizer que essa pessoa levou uma vida bem miserável.

Há sempre falhas no trabalho, mesmo que não resultem em suicídio. Cada pessoa tem dentro de si a capacidade de suportar esses fracassos. O número de derrotas e adversidades que alguém pode suportar é, na verdade, uma medida de sua capacidade na vida.

Os contratempos ocorrem mais depressa para quem sempre sente a necessidade de ser elogiado e admirado como uma flor delicada por todos ao seu redor. No entanto, há muitas pessoas cuja vida é uma verdadeira luta. Vivem como aqueles peixes que rastejam no fundo do mar, sempre mudando de cor para se camuflarem na areia e não serem notados. Às vezes, elas têm uma visão muito mais ampla da vida e podem compreender melhor os padrões e as normas deste mundo. Há casos em que pessoas desse tipo aos poucos se tornam mais resistentes, vivendo sem se deixarem derrotar pelas adversidades.

Os indivíduos que no início da vida não têm seu valor reconhecido, não conhecem a felicidade e enfrentam frustrações ganham uma certa imunidade que os torna mais fortes. Nesse aspecto, embora eu compreenda que os estudantes enfrentem maus momentos para passar nos exames, uma parte de mim deseja dizer a cada um deles: "Desafie a si mesmo ao máximo e não se preocupe se você falhar".

Aqueles que enfrentam derrotas no início da vida criam imunidade contra fracassos futuros. É preciso que você aprenda uma valiosa lição: o mundo não é nada fácil. Perceber que o mundo não anda de acordo com o seu ritmo pessoal terá um efeito moderador sobre o modo como você vê as coisas. O fracasso pode dar-lhe uma tenacidade que lhe permitirá ver outros caminhos quando um não o leva para o lado que você deseja.

Há muita gente que pensa que deve cumprir determinados requisitos para ser feliz, mas acredito que existe um problema nesse modo de pensar.

Transforme sua perspectiva 4: As pessoas são mais do que aquilo que aparentam
O fardo secreto de ser bonita

Se você é mulher, pode pensar que as mulheres que nasceram bonitas são felizes. No entanto, creio que deve ser muito difícil viver como uma mulher bonita. Em tempos recentes, ouvimos falar muito em *stalkers* –

homens que perseguem mulheres –, mas esse problema sempre existiu. Eles as esperavam a caminho da escola ou do trabalho e as atormentavam com um bombardeio de cartas e telefonemas. As mulheres bonitas passam por muitas dessas experiências desagradáveis.

Seria ótimo se elas tivessem um homem maravilhoso que as amasse de verdade, mas deve ser muito ruim ser alvo do afeto de vários deles. Quando você recebe "vibrações" de outras pessoas, mesmo não sendo médium, é como se estivesse cercada por um bando de fantasmas. Não é uma experiência agradável. Por eu possuir a visão espiritual, sei exatamente como é essa sensação. Então, tenho certeza de que ser bonita pode representar um fardo pesado para uma mulher.

Transforme sua perspectiva 5:
Os dois lados de uma moeda
Pessoas que são escravas do dinheiro e pessoas que se tornam diligentes depois de se endividarem

A seguir, eu gostaria de discutir a questão do dinheiro. O dinheiro pode ser um bem ou um mal. A maioria das religiões antigas ensina que o dinheiro é um mal que leva à ruína.

Na realidade, as pessoas realmente param de trabalhar duro quando conseguem uma certa folga financeira. Uma pessoa comum não vai arregaçar as mangas e se concentrar no trabalho, a menos que esteja sob pressão e precise pagar um empréstimo ou alguma outra dívida. Oito em cada dez pessoas provavelmente pertencem a essa categoria.

Os seres humanos têm muitas motivações diferentes para trabalhar. Por exemplo, alguns indivíduos podem ter uma hipoteca de trinta anos para pagar a casa, por isso não podem deixar o emprego até a aposentadoria. Eles podem ter de pagar pela educação dos filhos ou talvez seus negócios tenham falido, o que os obriga a trabalhar duro para se recuperar financeiramente.

Embora seja um fato triste, a maior parte das pessoas no mundo só trabalha porque tem dívidas a pagar, e não trabalharia se não tivesse essa motivação.

Por outro lado, quando têm um pouco de dinheiro extra, as pessoas costumam baixar a guarda. Deve haver muita gente semelhante ao personagem principal do conto *Toshishun*, de Ryunosuke Akutagawa (1892-1927). O jovem Toshishun, assim que recebeu uma grande quantia de dinheiro, convidou muitos conhecidos para sair com ele para beber e cantar, sempre pagando tudo, ostentando sua riqueza.

O mesmo princípio se aplica aos estudos. Os alunos medianos tendem a relaxar quando veem que, devido a um esforço, suas notas aumentaram mais do que esperavam. Só começam a estudar com afinco quando as notas voltam a baixar.

As coisas funcionam assim também no casamento. Um jovem acha uma certa moça muito bonita e deseja se casar com ela. Mas, depois de casado, ele terá de trabalhar durante décadas para sustentar a família. Em outras palavras, oferece seu futuro como uma espécie de caução, muito cedo na vida. É como fazer um grande empréstimo. Para sustentar a família, ele deverá trabalhar arduamente por várias décadas a fim de pagar a "dívida".

Em certo sentido, o casamento e outras estruturas deste mundo estão bem adequados.

A natureza humana é vista como fundamentalmente falha, e sinto que tais sistemas levam em conta a negligência, o convencimento e a arrogância do ser humano quando elas foram criadas.

Transforme sua perspectiva 6:
As pessoas se esforçam porque querem algo mais

Os engenhosos mecanismos da vida que compensam a negligência das pessoas

Muitas vezes, as pessoas só trabalham duro quando sentem que alguma coisa lhes falta. Mas, quando acaba essa motivação, elas imediatamente reduzem o nível de esforço e se tornam preguiçosas. Como os seres humanos têm essas características, se fosse criada uma estrutura social para construir uma sociedade perfeitamente igualitária, as pessoas parariam de trabalhar, e isso levaria à deterioração da sociedade.

Por exemplo, no mundo do beisebol ou do futebol profissionais, há uma enorme diferença entre o salário dos craques, que ganham milhões de dólares, e o que recebem os jogadores medianos. Se todos os jogadores ganhassem a mesma quantia, independentemente de suas habilidades ou realizações, você acha que eles tentariam dar o melhor de si? Nesse caso, a diferença de remuneração tem um aspecto que se refere à dedicação de cada jogador, o que torna o jogo mais interessante.

Capítulo II *A Força para Suportar Grandes Adversidades*

Olhando para o quadro geral, as várias diferenças que existem entre as pessoas trazem diversidade ao nosso mundo e criam o potencial para que cada indivíduo se esforce em seu próprio caminho. É importante compreender esse conceito.

Transforme sua perspectiva 7:
Olhe para si com objetividade
Seu sonho é influenciado pelos valores dos outros?

O próximo ponto sobre o qual eu gostaria de falar é a necessidade de você olhar para si de um ponto de vista objetivo. Acredito que, se todos olhassem para trás e observassem a própria vida, desde a infância até a idade adulta, quase todos ficariam surpresos com o número de coisas que não conseguiram realizar.

Em diferentes épocas da vida você pode ter pensando que queria pegar determinado caminho, fazer isso ou aquilo, mas agora talvez perceba que muitos de seus desejos nunca se concretizaram. Depois de uma certa idade, porém, seus sentimentos em relação às coisas que não se realizaram começarão a mudar. Então, pensará: "Foi melhor que tenha sido assim. Afinal, foi por causa daquilo que pude descobrir meu próprio caminho".

A maior parte dos sonhos da juventude nunca se realiza. Entre esses desejos, há alguns que surgem dos próprios sentimentos do jovem. No entanto, muitos deles são influenciados pelos valores de outras pessoas. São desejos que o jovem tem devido à influência do que seus amigos dizem ou do que querem fazer ou, então, dos planos que seus pais têm para ele.

Há muitas encruzilhadas na vida, mas só podemos escolher um caminho. É impossível percorrer mais de um caminho ao mesmo tempo. Mesmo que você queira escolher o caminho que todos os outros estão seguindo, há casos em que ele será bloqueado, impedindo-o de ir em frente. Se isso acontecer, você se sentirá muito triste.

Mas seu caminho começará a revelar-se aos poucos, e você perceberá como é importante andar por sua própria trilha. Compreenderá que precisa andar pelo seu caminho e que não ficará satisfeito com nenhum outro. Um dia, ficará feliz por não ter optado por viver a vida de outra pessoa.

Você é um ser que continua a reencarnar, vindo do outro mundo para este, muitas vezes. A razão pela qual você nasceu na Terra nesta vida é obter uma nova personalidade com todas as suas experiências na vida. Como você nasceu para ganhar novas qualidades pessoais, não precisa ser igual a todo mundo. Aproveite com prazer as coisas que o diferenciam dos outros. Alegre-se por ser uma pessoa única.

Ir para onde todo mundo quer ir é, num certo sentido, o mesmo que se preparar para uma vida cheia de sofrimento. O lugar para onde todo mundo quer ir muito provavelmente não é o caminho da felicidade para você. Por isso, é necessário que você seja capaz de olhar para si mesmo de um modo objetivo.

Transforme sua perspectiva 8:
O que é a felicidade para mim?
O caminho que todos desejam não é necessariamente o melhor

Neste mundo, existem algumas pessoas que ocupam posições de elite, com empregos que causam inveja a todos. Entretanto, isso não significa que essas pessoas estão livres de preocupações. Embora pareçam estar percorrendo um caminho sem obstáculos, se você puder ler a mente delas, descobrirá que elas estão sofrendo, abrigando um sentimento de fracasso.

Contratempos no caminho para ser médico

Vamos examinar a vida de uma pessoa cujo objetivo é formar-se em medicina e ver o que se pode aprender com a experiência dessa elite.

Existem indivíduos que querem ser médicos desde que estavam no ensino fundamental. Para se tornarem médicos, eles precisam cursar uma faculdade de medicina. Porém, a maioria das universidades aceita apenas cerca de cem alunos em suas faculdades de medicina, por isso é muito difícil conseguir ser admitido. Assim, é grande o número de pessoas que são reprovadas nos exames vestibulares para entrar nessas faculdades. Esse é o primeiro fracasso que eles podem enfrentar.

E aqueles que são admitidos e fazem o curso ainda precisam passar no Exame Nacional para Profissionais da Saúde para ter seu diploma de médico reconhecido e registrado. Nem todos passam nesse exame; então, infelizmente sempre haverá aqueles que falham. Todos os anos, cerca de 80% a 90% dos que prestam esse exame nacional são bem-sucedidos. Alguns tornam a fazer o exame muitas vezes, sem sucesso, de maneira que há muitos que não conseguem ser médicos, embora tenham feito uma faculdade de medicina.

Deve ser uma grande decepção não passar nos exames vestibulares, mas não conseguir se tornar um médico apesar de ter ingressado na faculdade de medicina também é frustrante. Este também é outro golpe que eles podem sofrer.

Há pessoas que, depois que se formam em medicina e começam a trabalhar como residentes, percebem que a carreira médica não é a certa para elas.

Embora seja lamentável, há aqueles que descobrem que entraram para a faculdade porque tiveram boas notas, mas que na verdade não têm aptidão para ser médicos. Para alguém que pretende ser médico, mais necessário é o estudo das relações humanas, não as aulas de física, matemática ou inglês. Os médicos trabalham com pessoas o dia todo; portanto, seria trágico se alguém que gostasse de estudar, mas não gostasse de pessoas, se tornasse médico.

Há muitos alunos que se saem bem nas provas de todas as matérias da faculdade de medicina, mas, como não gostam de pessoas, enfrentam sérias dificuldades quando se formam.

Contratempos na vida depois de se tornar médico

Há aqueles que, depois de formados na faculdade de medicina, querem ficar trabalhando no hospital da universidade. Mas nem todos têm essa oportunidade.

Muitos médicos abrem seus próprios consultórios e, embora alguns consigam ser bem-sucedidos e ter uma alta renda, outros ficam sobrecarregados com dívidas que não podem pagar, e sofrem por isso. Existem também aqueles que dizem aos pacientes que eles estão muito doentes quando na verdade não estão, e, embora se sintam culpados, prescrevem remédios desnecessários e mantêm pacientes hospitalizados por mais tempo do que seria preciso. Sabem que não deveriam agir assim, mas sempre há pessoas que fazem coisas que vão contra sua consciência.

Mesmo os médicos que conseguem permanecer nos hospitais universitários passam por muitas provações. Pode parecer que aqueles que conquistaram as posições que desejavam num hospital-escola são felizes, e que aqueles que tiveram de partir são infelizes. No entanto, eles também têm um longo caminho a percorrer.

Capítulo II *A Força para Suportar Grandes Adversidades*

A hierarquia nos hospitais universitários é extremamente rígida e feudal, e alguns indivíduos não são capazes de lidar com esse tipo de ambiente. Em primeiro lugar, os que foram estudantes excepcionais tendem a ter dificuldade nas relações interpessoais. Então, na verdade, muitos deles sentem dificuldade em se entender com as outras pessoas nos hospitais universitários. Eles sofrem muito, sentindo-se sufocados sob o sistema fechado e feudal.

Existe também um tratamento preferencial quando chega o momento da atribuição de posições. Os médicos que não bajulam o professor para obter favores podem se ver relegados a posições menos desejáveis.

Infelizmente, nos hospitais universitários também há casos de médicos que são rebaixados de posto por dizerem a verdade. Há aqueles que falam a verdade sobre alguma ocorrência de erro, como numa cirurgia, mesmo tendo recebido ordem de se manterem calados. A consciência do médico obriga-o a dizer à família de um paciente falecido que seu ente querido teria sobrevivido se o médico não tivesse cometido um erro. Por causa disso, a imperícia é descoberta e a polícia aparece para fazer uma investigação no hospital. O médico honesto é visto como "aquele que deixou a informação vazar" e acaba sendo rebaixado. Mesmo que tenha sido correta, sua atitude pode significar uma reviravolta temporária neste mundo.

Além disso, mesmo que alguns médicos cheguem à posição de professores renomados em uma universidade pública, podem ficar arruinados se alguém descobrir que eles estavam recebendo propinas de empresas farmacêuticas. Esse tipo de coisa acontece porque, mesmo sendo excelentes médicos, eles conhecem pouco a respeito de leis. Esses professores aceitam presentes em dinheiro porque não sabem onde fica a linha que separa o que é considerado suborno daquilo que não é.

Existem também médicos que se apropriam indevidamente de fundos da universidade, são pegos e depostos de seus cargos. Como você pode ver, até os médicos, que são considerados uma elite, estão sujeitos a vários reveses.

Problemas acontecem até com os melhores médicos

Há pessoas que sentem algum tipo de arrependimento quando ganham renome como grandes médicos e recebem o título de professores.

Capítulo II *A Força para Suportar Grandes Adversidades*

Um famoso anatomista foi nomeado professor emérito de um hospital universitário por suas palestras sobre o tema "Todas as coisas têm sua origem no cérebro". Ele ensinava que a mente humana era simplesmente uma função cerebral, e que o cérebro era tudo.

Um de seus alunos filiou-se a uma religião enganosa e cometeu um crime terrível. Tenho certeza de que o professor sofreu, imaginando por que motivo seu ex-aluno tornara-se adepto de tal seita. Esse aluno teve uma experiência espiritual nessa seita e ficou chocado ao descobrir que o mundo espiritual realmente existia; começou a pensar que a teoria que seu professor lhe ensinara na faculdade era uma grande mentira. Mais tarde, ele se tornou um seguidor dedicado e passou a desempenhar um papel importante na divulgação desse grupo, que fabricava gás letal.

Contudo, no âmbito dos fenômenos espirituais existem tanto aqueles que são bons quanto os que são maus. Muitos desses fenômenos são causados por espíritos perversos.

Até hoje, aquele professor não percebeu que foi por causa de sua teoria equivocada que seu aluno ingressou naquela seita. Talvez ele considere natural que os médicos rejeitem os poderes místicos, a fé e a religião, mas essa é uma atitude ingênua. Há médicos famosos que acreditam nas forças místicas e no poder da fé.

Vamos pegar como exemplo Alexis Carrel (1873-1944), ganhador do Prêmio Nobel de Fisiologia ou Medicina. Quando Carrel visitou a fonte de Lourdes, na França, conhecida por suas propriedades curativas milagrosas, ele testemunhou milagres de pessoas sendo curadas de doenças incuráveis, e atribuiu as curas a algum poder místico, como podemos ver nos livros que escreveu: *The Voyage to Lourdes* ("A viagem a Lourdes"), *Man, the Unknown* ("O homem, esse desconhecido") e *Reflections on Life* ("Reflexões sobre a vida").

Assim, vemos que a medicina e a religião não são completamente incompatíveis. Significa apenas que os médicos que rejeitam a religião vivem em um mundo que carece de conhecimento e experiência espirituais.

Dessa forma, mesmo as pessoas que chegaram ao topo da escala social – como os médicos – e parecem bem-sucedidas enfrentam certos contratempos ao longo da vida.

Alguns fracassos ocorrem para o bem
A derrota no Anpo Toso deu início à prosperidade do Japão

Até aqui, dei a você vários exemplos de que existe mais de uma maneira de olharmos as coisas. Do mesmo modo, se você olhar para os fracassos ocorridos no passado, depois de um certo tempo verá que alguns deles, na verdade, aconteceram para o seu bem. Como exemplo disso eu gostaria de falar sobre o Anpo Toso (o movimento de oposição ao Tratado de Cooperação Mútua e Segurança entre os Estados Unidos e o Japão).

Eu me tornei estudante universitário um pouco depois do fim dos tumultos gerados pelo Anpo Toso da década de 1970. Ainda havia uma atmosfera de decepção no *campus*, e um clima de desconfiança permanecia entre professores e alunos. No meio dessa geração Baby Boomer[1], muitas pessoas haviam participado da oposição, quando eram estudantes universitárias, e conhecido o fracasso. A derrota do movimento de oposição deve ter sido uma experiência horrível para todos os que participaram das manifestações estudantis.

---

1 Refere-se à explosão demográfica ocorrida no Japão e em outros países entre 1947 e 1949. (N. do E.)

Houve dois importantes movimentos em Anpo Toso, um na década de 1960 e outro na de 1970. Naquela época, muitos alunos mal estudavam, e passavam todo o tempo ocupados com o movimento de oposição. Embora o movimento tenha fracassado no final, pode-se dizer que o Japão conseguiu prosperar devido a esse fracasso. O Tratado de Segurança continua em vigor até hoje e, por causa dele, o Japão e os Estados Unidos podem manter uma aliança militar.

O primeiro-ministro que manteve suas crenças

O conflito maior ocorreu no Anpo Toso da década de 1960, quando o primeiro-ministro Kishi[2] estava no poder. Durante aquele período, a residência do primeiro-ministro também foi cercada por manifestantes. Li materiais com informações privilegiadas que documentam esse incidente. Um dos documentos afirmava que a força de segurança pediu ao primeiro-ministro: "Por favor, fuja. Não podemos mais protegê-lo. A polícia não tem poder suficiente. Esta é uma revolução, e não podemos garantir sua vida". Mesmo nessa

---

2 Nobusuke Kishi (1896-1987) foi um político japonês que ocupou o cargo de primeiro-ministro de 1957 a 1960. (N. do E.)

situação de perigo, o primeiro-ministro Kishi continuou acreditando com firmeza que o Tratado de Segurança beneficiaria o Japão e não desistiu dele.

Kishi anunciou sua renúncia logo depois desse incidente, porém mais tarde foi esfaqueado na coxa por um manifestante e ficou gravemente ferido. Naquela época, estivemos, realmente, à beira de uma revolução. Contudo, olhando para o que resultou daquele período, acredito que a decisão de preservar o Tratado de Segurança foi correta, embora houvesse mais gente contra ele do que a favor.

O Japão teria se tornado um inferno se tivesse anulado o tratado

Se o governo tivesse cedido à ala da esquerda, anulado o Tratado de Segurança e unido forças com a antiga União Soviética e a China, o Japão com certeza não teria conhecido a prosperidade que se seguiu. Se o Tratado de Segurança fosse revogado, o Japão poderia ter atravessado um trágico período. Dezenas de milhões de cidadãos poderiam ter sido massacrados. Havia ainda o medo de que muitas pessoas fossem presas e mortas por cometerem algum crime ideológico.

Naquela época, a Coreia do Norte era conhecida como "paraíso na Terra", e considerada uma nação ideal. Muitos cidadãos japoneses participaram do Anpo Toso com o desejo de fazer do Japão um país como a Coreia do Norte, mas, na verdade, estavam sendo manipulados por informações incorretas que os iludiam.

Se o Japão tivesse percorrido outro rumo para se tornar igual à Coreia do Norte, um grande infortúnio poderia ter caído sobre o país. A situação no Japão seria infernal. Muitas pessoas teriam sido condenadas à morte. No entanto, tudo isso foi evitado porque o governo optou por manter o tratado. Como você pode ver, muitas pessoas enfrentaram reveses durante o Anpo Toso. Mas quando olhamos para os resultados, a derrota sofrida acabou sendo uma coisa boa.

Um cientista político que escapou do "pior"

Na década de 1960, um dos principais pilares da ideologia por trás do Anpo Toso foi Masao Maruyama (1914-1996). Ele era professor de ciência política na Universidade de Tóquio e estimulava o movimento de oposição usando sua posição de acadêmico. No entanto, como afirmei antes, a oposição fracassou. Devido a

Capítulo II *A Força para Suportar Grandes Adversidades*

esse enorme malogro, Maruyama abandonou o emprego de professor e não realizou mais nada significativo pelo resto da vida.

Quando fiz uma investigação espiritual para verificar o destino dele depois da morte, descobri que havia ido para o Inferno. Maruyama não era má pessoa; na verdade, era genial como professor, e muito respeitado. O estudo da ciência política na Universidade de Tóquio era até chamado de "maruyamanesco" e atraía muitos estudantes.

Por que um homem tão reverenciado foi para o Inferno? Porque levou as pessoas por um caminho de ideologias equivocadas. Maruyama experimentou um grande baque com o fracasso do movimento que defendia e renunciou a sua posição de professor por causa disso. No entanto, podemos dizer que esse revés foi bom para ele. Foi bom ele ter passado por isso enquanto ainda estava vivo. Se o movimento tivesse sido bem-sucedido, ele teria afundado ainda mais no Inferno e seria chamado de Satã (diabo). Poderia ter se tornado um daqueles demônios que enganam e levam muitas pessoas para o caminho errado.

Eu estava cursando o ensino fundamental II na época do Anpo Toso dos anos 1970. Lembro-me de ter visto cenas do movimento de oposição na tevê. Vi estudantes usando capacetes e máscaras no Auditório Yasuda da Universidade de Tóquio, e vi também tropas de soldados cercarem os manifestantes e lançarem jatos de água sobre eles.

Aqueles alunos boicotaram as aulas, provocaram o cancelamento dos exames de vestibular e causaram muitos problemas para muita gente. No fim, pode-se dizer que suas ações foram um tipo de fenômeno de regressão. Estavam todos voltando para uma mentalidade infantil. Acredito que a espinha dorsal desse movimento era formada por estudantes que se recusavam a se tornar adultos. Sem nenhum pensamento de responsabilidade social, eles queriam apenas agir com violência.

Quando se trata de um movimento em larga escala, como uma revolução, ele pode fracassar, mesmo que represente a vontade de um grande número de pessoas. Se o objetivo do movimento é errado, talvez seu fracasso seja para o bem. Parece que muitas pessoas que participaram do Anpo Toso ainda se sentem decepcionadas, mas eu gostaria que elas também vissem seu fracasso por essa perspectiva.

3
Como aumentar sua capacidade de lidar com os reveses

Há ainda mais um aspecto que eu gostaria de comentar. Hoje, existem cerca de 120 a 130 milhões de pessoas vivendo no Japão, e a população mundial ultrapassou a marca dos 6 bilhões[3]. Cada pessoa tem sua própria ideia a respeito do caminho para o sucesso. Mas, como há tanta gente vivendo no mundo, enfrentamos competição em vários aspectos da vida. É natural que alguém pegue algo que você quer e que as pessoas tentem arruinar-se mutuamente. Sempre haverá coisas que não acontecem da forma como desejamos.

Por exemplo, se o número de candidatos para admissão em uma escola for maior que o dobro do número de vagas, haverá mais alunos rejeitados do que aceitos. Isso ocorre do mesmo modo tanto na busca por um emprego como na competição por uma promoção. Em muitas situações na sociedade, quanto maior o número de pessoas com os mesmos objetivos, maior a dificuldade que cada uma delas terá para alcançá-lo.

---

3 Na época da realização desta palestra. (N. do E.)

Embora você possa querer se tornar médico ou presidente de uma empresa, não é tão simples assim realizar esse desejo. Mesmo que tenha sido contratado por uma grande empresa, a maioria das pessoas não chegará à presidência. Mesmo que você inicie seu próprio negócio e assuma esse cargo, pode acontecer de a empresa ir à falência.

Neste mundo, as coisas geralmente não acontecem do jeito que queremos. A vida é cheia de contratempos, e aqueles que procuram progredir terão de enfrentá-los, não importa quais sejam.

Porém, embora não possa evitar um fracasso, o modo como você o aceita e lida com ele é que o tornará diferente dos outros.

Diferentes níveis no modo de lidar com os problemas

Nível 1: Desesperar-se

Algumas pessoas ficam desesperadas e enlouquecem quando se veem diante de um grande obstáculo. Podem tornar-se violentas em casa ou em público e começar a guardar rancor contra o mundo por causa de um contratempo que estão enfrentando. Esse é o nível mais baixo no modo de se lidar com um revés.

Nível 2: Suportar a tristeza

Algumas pessoas, mesmo que estejam tristes e sofrendo depois de um fracasso, mantêm-se firmes. Controlam a tristeza, suportam o sofrimento do fracasso e continuam a viver. As que se encaixam neste grupo estão um pouco acima daquelas que se desesperam.

Nível 3: Ser incapaz de lidar com reveses sucessivos

Um degrau acima daqueles que suportam o sofrimento estão aqueles que se recuperam calmamente depois de um contratempo e dizem a si mesmos: "Sim, cometi um erro enorme, mas terei uma nova chance, posso continuar seguindo em frente". No entanto, se essas pessoas enfrentam uma sequência de dois ou três obstáculos, acabam sucumbindo e se desesperam.

Esse tipo de pessoa situa-se logo abaixo da média, na escala que avalia os modos de enfrentamento. São pessoas que não se alteram depois do primeiro revés, mas que se tornam imprudentes após um segundo ou terceiro, e começam a guardar rancor de outras pessoas e do mundo em geral.

Nível 4: Lutar para superar

Há também pessoas que passam por vários contratempos e ficam num estado profundo de tristeza e sofrimento, mas que, de alguma maneira, resistem e perseveram na busca do melhor caminho a seguir. Elas estão um pouco acima do nível médio.

Nível 5: Encontrar a Providência nas dificuldades

Então, que tipo de pessoa se encaixa nos níveis mais altos, em seu modo de lidar com os problemas? São aquelas que se veem pela perspectiva de um mundo superior. Elas podem encontrar a Providência (a Vontade do Céu) em suas adversidades. Quando fracassam, refletem sobre a possibilidade de terem tomado o curso errado na vida, aceitando a ideia de que seu destino pode estar em outro lugar, em uma direção diferente daquela para a qual estavam indo.

Passados dez, vinte, trinta anos desde o seu nascimento, você pode achar que sabe qual é o caminho certo a seguir, e isso é reforçado pela experiência e pelo conhecimento adquiridos ao longo da vida e pelas opiniões dos outros. Apesar disso, às vezes as coisas não saem do jeito que planejou e você acaba fracassando. Nesse caso, é importante saber que há um limite para sua experiência e seu conhecimento, e também um limite para os conselhos que seus pais e outras pessoas à sua volta podem lhe dar. Por isso, você precisa perceber que é provável que uma Providência maior esteja em ação.

NÍVEL 6: PROCURAR SEMENTES DE FELICIDADE NOS FRACASSOS

Este é o nível das pessoas que não apenas sentem a ação da Providência, como também se esforçam para encontrar sementes de felicidade nos problemas que surgem. Elas percebem a Vontade do Céu e aceitam seus fracassos como carma ou tarefas trazidas de uma vida anterior. Compreendem que a incapacidade de seguir seu caminho original faz parte de seu treinamento nesta vida. Aceitam isso como um fato, mas não param.

Avançam e procuram sementes de felicidade no meio de seu infortúnio. Este é o nível mais alto no modo de lidar com os reveses.

Transforme as adversidades em sucesso
*Descarte seu antigo "eu" de modo sistemático
para criar um novo "eu"*

Falei sobre encontrar sementes de felicidade nas adversidades e, no começo deste capítulo, também abordei a questão do fracasso. Com isso, eu gostaria de salientar que as sementes para o seu próximo sucesso se encontram no que parece ser um fracasso.

Uma pessoa que é sempre bem-sucedida pode não saber exatamente por que teve sucesso, mas um fracasso irá despertar pelo menos um pouco sua percepção. Por meio do fracasso, você poderá ver que tudo o que esteve fazendo não funcionou e não vai funcionar. Ao analisar seus fracassos, você poderá produzir as sementes de sucessos futuros.

É inaceitável atribuir seus fracassos ao destino ou culpar o mundo por isso e por aquilo. É fundamental que você analise suas falhas e aprenda com elas. Não há novos sucessos no caminho onde você já

... as sementes para o seu próximo sucesso se encontram no que parece ser um fracasso.

foi bem-sucedido; então, desafie a si mesmo e busque novos horizontes. Para isso, terá de se adaptar a novos ambientes e abandonar o antigo "eu" de modo sistemático. A menos que você desenvolva um novo "eu", nunca alcançará mais do que aquilo que já alcançou.

Quando os contratempos ou fracassos caem sobre você, procure as sementes de felicidade que trarão sucessos futuros. Encontre seu novo "eu". Compreenda que é por causa de seu fracasso que agora você realmente pode se transformar em uma nova pessoa e progredir. Você precisa aproveitar ao máximo seus fracassos e desenvolver as qualidades e habilidades que já existem em seu íntimo.

Muito tempo atrás, houve um lutador de sumô que disse: "Quando você é jogado no chão, a menos que prove a terra do ringue e grave em sua mente a marca que seu corpo deixou na terra, nunca se tornará um *ozeki* ou um *yokozuna* (respectivamente, a segunda mais alta e a mais alta classificações de lutadores de sumô). O que ele estava dizendo era que, para mudar a si mesmo, você precisa ter bastante disciplina para aprender com suas derrotas.

Há pessoas que não atribuem tudo à boa ou à má sorte, mas suportam seus fracassos e refletem sobre seus erros. Assim, identificam a razão de um fracasso e encontram nele as sementes do sucesso. Para começar, são pessoas que têm uma atitude diferente. Conseguem analisar as consequências de uma derrota e voltar seus pensamentos para o futuro.

4
O melhor modo de viver

Viva sua própria vida durante todo o caminho

Tive todos os tipos de experiência na minha vida. Quando era jovem, eu não imaginava que me tornaria um líder religioso, então percorri vários caminhos, muito diferentes do que eu havia planejado seguir originalmente. No entanto, acredito que todas essas experiências me ajudaram de muitas maneiras. Acredite: às vezes, é melhor não saber o que nos espera mais adiante na vida.

É importante que você trabalhe com todas as suas forças para progredir, mas procure também enxergar a Providência nos sucessos e fracassos que aparecem à sua frente. Você deve decifrar calmamente a mensagem e descobrir qual é a direção que a Vontade do Céu está lhe indicando.

Se você tem uma mente que deseja apenas o seu próprio bem, não conseguirá compreender tudo. Com uma percepção egocêntrica, não irá entender nada. Você precisa aprender e compreender humildemente o que o Céu está tentando lhe ensinar por meio de seus sucessos e fracassos.

Por fim, pense da seguinte maneira: "Para mim, o melhor modo de viver é aquele que revela o melhor de mim. Não serei feliz vivendo a vida de outra pessoa. A melhor vida é aquela em que posso crescer e desenvolver todo meu potencial, por meio de uma função, um trabalho e um estilo de vida adequados para mim. O melhor para mim é viver de acordo com a Vontade do Céu e trilhar um caminho onde meus talentos e progressos sejam desenvolvidos ao máximo".

Você não deve se deixar influenciar pelos valores e padrões de outras pessoas. Às vezes é preciso ouvir os outros, mas há momentos em que você não deve dar ouvidos ao que os outros dizem. É também importante que você viva sua vida de acordo com seus próprios princípios.

Capítulo II *A Força para Suportar Grandes Adversidades*

Como lidar com um infortúnio
A vida de um proprietário de pomar de maçãs

Quando eu era estudante, li uma história da qual me lembro até hoje, sobre a maneira de lidar com um infortúnio. A história faz parte do livro *Hiun ni Sho Suru Michi* ("Método para lidar com um infortúnio"), escrito por Kojin Shimomura (1884-1955), autor de *Jiro Monogatari* ("A história de Jiro").

Nesse livro, há um diálogo entre Shimomura e um jovem fazendeiro que cultivava maçãs e era bem-sucedido. Shimomura perguntou ao jovem qual foi a maior dificuldade que ele havia encontrado desde que começou a cuidar do pomar de maçãs, e o rapaz falou do tufão que atingiu o pomar no primeiro ano de trabalho. Contou que quase enlouqueceu quando viu as maçãs sendo arrancadas das árvores e jogadas no chão. O jovem fazendeiro, então, disse que mudou de atitude e parou de sofrer pelos estragos causados pelo tufão. Suas palavras são as seguintes.

"Os tufões são um fenômeno natural e, como eles ocorrem todos os anos, precisamos estar preparados para enfrentá-los. As maçãs caem porque não estão de acordo com a Providência. As maçãs que são consideradas boas pela Vontade do Céu não se soltam dos galhos. Por mais forte que seja o tufão, sempre há maçãs que permanecem nas árvores. Essa é a atitude que decidi adotar."

É uma atitude importante. O fazendeiro não podia impedir a vinda dos tufões. O ponto de mudança de sua vida ocorreu quando ele teve a ideia de cultivar maçãs que suportam os tufões, sem que caiam das árvores.

Melhore sua atitude mental

Pessoas que pensam como esse dono do pomar de maçãs dificilmente são derrotadas pelos ataques dos demônios do Inferno. Porém, existem aquelas que reclamam de tudo e encontram várias desculpas para justificar o fato de não terem sucesso.

Há um número infinito de motivos que um agricultor pode arranjar para explicar por que é infeliz. Ele pode dizer que o tufão arruinou meses de trabalho duro, que a culpa é do governo, que não dá subsídios, ou que a culpa é dos pais que eram agricultores, ou, ainda, que a culpa é de Deus, por fazer com que tufões passem por sua plantação naquela época do ano. Entretanto, é

Capítulo II *A Força para Suportar Grandes Adversidades*

isso que você não pode fazer. Deve encarar os infortúnios como a Vontade do Céu, pensar em como lidar com a situação para obter o melhor resultado e se esforçar para isso. Dessa forma, grandes sucessos aparecerão em seu caminho.

Como existe tanta gente no mundo, é impossível que todos sejam tão bem-sucedidos a ponto de provocar inveja uns nos outros. Cada ser humano enfrentará muitos fracassos e adversidades na vida. No entanto, espero que você se lembre de que, mesmo que outras pessoas sejam colocadas na mesma situação, haverá aquelas que irão manter o estado mental de um *bodhisattva*, assim como outras que mostrarão a mentalidade de um demônio do Inferno.

Em qualquer dificuldade ou fracasso que experimentar, encontre nele a Vontade do Céu e faça tudo que puder para abrir um novo caminho em sua vida. Mesmo que não possa mudar o ambiente ao seu redor, você pode mudar seu modo de pensar e seu estado mental para superar qualquer problema.

Espero que você leve esta lição muito a sério e construa dentro de si a capacidade de suportar as adversidades.

Uma mensagem para você 1
Tenha coragem e saia de sua concha

Quando as pessoas se tornam um pouco
　　mais inteligentes,
Às vezes ficam indecisas.
Excessivamente sensíveis a pequenas coisas,
Começam a impor limites a si mesmas,
Dando desculpas bem elaboradas
Para explicar por que não podem fazer
　　determinada coisa.

No entanto,
Desenvolver essas habilidades
Não trará nenhum bem ao mundo.

Quando você desafiar novos horizontes
E trabalhar buscando o progresso,
Não pense em desculpas para explicar por que não consegue fazer algo.
Sempre pense em como poderá fazê-lo.

Tenha coragem e saia de sua concha.
Tome uma atitude.
Não dê desculpas para explicar sua incapacidade.
Em vez disso, pergunte sempre a si mesmo: "Como conseguirei fazê-lo?".

Capítulo III

Nunca Perca Seu "Espírito Faminto"

Torne-se uma pessoa diferente
por meio do estudo contínuo

AS LEIS DA CORAGEM

1
Mantenha-se jovem com um "espírito faminto"

Definição de "espírito faminto"

Dentre os livros que escrevi, há um intitulado *Seishun no Genten*[4], que enfoca principalmente a questão da autoajuda. Neste capítulo, farei referência a esse livro e falarei sobre o tópico "Nunca perca seu espírito faminto", na esperança de poder oferecer algo de valor aos jovens, assim como aos leitores de meia-idade e seniores.

Primeiro, vou explicar o que quero dizer com um "espírito faminto". Fome é uma sensação que temos quando nosso corpo quer alimento. Neste caso, porém, não estou usando a palavra "faminto" para me referir à fome física, mas sim à "fome" espiritual.

No prefácio de *Seishun no Genten*, afirmei: "Esta obra foi produzida em meio ao sofrimento da minha alma, como a seda de um bicho-da-seda, quando eu

---

[4] *Seishun no Genten* (em tradução literal, "A origem da juventude". Tóquio: IRH Press Co. Ltd., 2007). (N. do E.)

era jovem, desconhecido e pobre". O termo "espírito faminto" é como um sinônimo das palavras "jovem, desconhecido e pobre".

Apenas por causa da pouca idade, os jovens muitas vezes não são levados a sério pelos adultos, e até podem ser olhados com menosprezo. Isso ocorre porque existem poucos jovens socialmente importantes. Além disso, em sua maioria, os jovens ainda são desconhecidos. O número de jovens famosos é limitado, e em geral são encontrados entre artistas e atletas. Os jovens também costumam ser pobres. Claro, alguns têm pais abastados, mas a maioria deles tem recursos financeiros limitados e vive de forma modesta.

Nesse sentido, um jovem pode considerar-se um "joão-ninguém". Ainda não é nada, e a sociedade não o reconhece como uma pessoa madura. Por essa razão, os jovens têm a esperança e o forte desejo de serem reconhecidos como adultos independentes. É isso que chamo de "espírito faminto".

Não se contente com o *status quo*

Os jovens têm relativa facilidade para manter um espírito faminto. Isso porque, assim como as pessoas querem comer quando estão com fome, os jovens querem ser reconhecidos e respeitados. Querem ter sucesso, melhorar, progredir na vida. Querem fazer um bom trabalho e tornar-se adultos que possam orientar outras pessoas. Os jovens sentem-se carentes de várias maneiras. Penso que essa é a situação atual da juventude.

Aqueles que hoje estão na faixa dos 30, 40, 50 anos ou mais também já foram jovens e tiveram um espírito faminto. No entanto, aos poucos, começam a perder aquela sensação de "fome" que tinham nos tempos da juventude. Gradualmente, aceitam o modo de ser das coisas como algo inevitável e cedem ao fluxo da vida. Além disso, à medida que envelhecem, começam a queixar-se e a dar desculpas cada vez mais frequentes. Seus principais interesses passam a ser as doenças e os problemas de saúde, e deixam de ver um futuro à sua frente.

Desse modo, quando envelhecem, as pessoas perdem seu espírito faminto. É assim que a vida costuma ser. Contudo, desejo que você mantenha esse espírito, mesmo quando estiver com 30, 40, 50 ou 60 anos.

Quando perdem seu espírito faminto, os humanos deixam de ser "jovens". Essa "fome" é o fator que decide se alguém é jovem ou não. É uma questão de "ainda não estar satisfeito consigo mesmo" ou de "não se sentir saciado". Falando de outro modo, é o espírito de nunca desistir. A juventude de uma pessoa reside em sua determinação de nunca desistir.

As pessoas que estão determinadas a não desistir são "jovens". Aquelas que dizem que podem fazer algo mais e que mantêm um espírito faminto são jovens. Sempre serão jovens de coração, mesmo que tenham 40, 50, 60, 70, 80 anos ou mais. No entanto, a maioria das pessoas tende a desistir no meio do caminho, antes de atingir seus objetivos. Ficam satisfeitas com a forma como as coisas são e deixam as circunstâncias governarem a vida. Como resultado, a vida delas fica sujeita à lei da inércia. Vivendo exatamente como sempre viveram, elas nunca procuram ser melhores do que são. Param de tentar subir de nível. Param de tentar qualquer coisa difícil e param de desafiar a si para fazer algo novo.

Pessoas que se encontram nesse estado perderam seu espírito faminto. Desejo que os mais velhos recordem como era ter essa fome. Eu gostaria que você se lembrasse de como era quando jovem.

2
Três perspectivas que o ajudarão a crescer

A relação estreita entre o cérebro e o vigor

A seguir, explicarei como manter seu espírito faminto à medida que cresce. Em primeiro lugar, é importante fortalecer o cérebro e o corpo, assim como aumentar sua força de espírito.

No primeiro capítulo de *Seishun no Genten*, intitulado "Almejando ser um jovem Buda", escrevi: "É importante que, no fim da adolescência e no início da faixa dos 20 anos, você fortaleça o cérebro e o corpo, aumente sua força de espírito e desenvolva as habilidades profissionais necessárias para se tornar adulto".

O primeiro ponto é fortalecer o cérebro. Isso é algo que os professores também ensinam nas escolas, então presumo que você já esteja fazendo isso de algum modo. O segundo ponto é fortalecer o corpo. Como isso é o que os atletas e os professores de educação física fazem, você pode pensar que é um assunto que não tem nada a ver com você. No entanto, existe uma relação entre fortalecer o cérebro e fortalecer o corpo.

É normal que as pessoas na faixa dos 20 anos sejam ativas tanto nos esportes como nos estudos. Como têm o corpo forte, elas não veem a relação que existe entre essas duas atividades. Mas, à medida que envelhecem, começam a compreender que essas atividades estão intimamente ligadas. Para os estudantes, fazer exercícios físicos e estudar são coisas naturais, de modo que não há problema. Porém, quando eles iniciarem uma carreira profissional e pararem de treinar o corpo, surgirão ocasiões nas quais suas habilidades intelectuais começarão a decair. Ninguém nos ensina isso, de modo que penso que muitas pessoas não percebem essa relação.

Aumente sua força física

Enquanto está na escola, esperam que você exercite o cérebro e o corpo e faça o melhor que puder nos estudos e nos esportes. Esse, na verdade, é o modelo básico para toda a vida, mas poucas pessoas conseguem manter esses hábitos depois que conseguem um emprego. Quando você começa a trabalhar, fica muito cansado por causa do trabalho, e é muito difícil continuar exercitando o corpo e o cérebro fora do trabalho. A menos que você tenha muita perseverança e força de vontade, dificilmente vai conseguir continuar. Mas posso dizer com confiança que aqueles que tentam manter tanto suas atividades físicas como as intelectuais gradualmente começam a se diferenciar dos demais.

Se você tem mais de 20 ou 30 anos e está achando difícil ler livros ou nota que seu trabalho não progride como deveria, é bem possível que esteja fisicamente fora de forma. Se esse for o caso, precisa introduzir algum tipo de atividade física em seu estilo de vida.

Os jovens em geral têm um corpo forte, e quase sempre uma noite de sono é suficiente para restaurar seu vigor. Assim, fadiga é algo que eles não conhecem. O mesmo pode ser dito no que se refere à cabeça. Alguns jovens podem saber o que significa ter a cabeça cansada, mas a maioria não sabe porque consegue se recuperar apenas com uma noite de sono.

Quando eu era jovem, raramente sentia cansaço mental. Depois de certa idade, porém, comecei a sentir aquela exaustão que vem após longas horas de estudo. Reconheci que, a menos que começasse a me exercitar de forma moderada, fazendo caminhadas ou outra atividade física, não conseguiria entender livros difíceis. Era impossível, para mim, continuar estudando sem me alongar e melhorar minha circulação sanguínea.

Não negligencie o vigor físico, presumindo que você não precisa pensar no corpo porque tem um trabalho que exige o intelecto. Se não continuar a cultivar a força física, as atividades intelectuais cessarão logo, e você perceberá que está envelhecendo rapidamente.

Equilibre estudo e exercício físico

Se você deseja se manter jovem, é fundamental que exercite seu corpo com regularidade. Mas é preciso ter muita determinação para equilibrar estudo e exercício físico de forma constante. Nesse sentido, o terceiro ponto – que consiste em aumentar sua força de espírito – está conectado ao aumento de sua força física e intelectual.

De modo geral, as pessoas que estudam muito tendem a parar de se exercitar, e as que se exercitam tendem a parar de estudar. Além disso, se tentam fazer as duas coisas, acabam sendo pessoas medianas. É uma escolha muito difícil que enfrentamos. Se nos concentramos apenas nos estudos, vemos o corpo enfraquecer; se nos dedicamos somente aos exercícios físicos, vemos nossas notas caírem. E se tentamos fazer as duas coisas, então nos tornamos pessoas comuns.

Como sair dessa situação? Sabedoria e força de vontade podem equilibrar esses opostos aparentemente incompatíveis. No início, você precisará ter muita força de vontade, encorajando-se continuamente enquanto treina. Aos poucos, no entanto, a chamada força da inércia, ou força do hábito, começará a funcionar. Você saberá que alcançou um alto nível de equilíbrio quando, pela força do hábito, for capaz de fazer exercícios físicos e estudar com o mesmo prazer e sem esforço.

3
É possível começar uma vida nova em qualquer idade

Uma profissão de acordo com sua matéria escolar favorita

Em particular no caso dos jovens, a maior inquietação talvez seja com a futura carreira profissional. Acredito que muitos deles, ainda na escola, se preocupam com o tipo de carreira que lhes trará sucesso ou o tipo de plano que devem traçar para seu futuro profissional. Além disso, como grande parte das disciplinas que os alunos estudam não se aplica diretamente ao campo profissional desejado, muitas vezes eles se sentem insatisfeitos com o currículo escolar. Ficam frustrados porque, enquanto estudam inglês, matemática, ciências, estudos sociais e literatura clássica e moderna, nenhuma dessas matérias tem relação direta com o trabalho, nem com a profissão que pretendem seguir.

Todavia, é possível ver a situação por outra perspectiva. A despeito do fato de que todos os alunos do sistema educacional estudam de acordo com currículos semelhantes, você descobrirá que há matérias nas quais você é bom e outras nas quais não é. Portanto, é razoável pensar que você está escolhendo sua futura carreira de acordo com o que aprende na escola.

Na maioria dos casos, as pessoas são mais aptas a trabalhar em áreas relacionadas a suas matérias favoritas. Dizem que nos saímos melhor nas coisas de que gostamos, então, é seguro afirmar que você provavelmente está mais apto para aquilo que gosta de fazer. Por exemplo, se você realmente gosta de uma língua estrangeira e tem prazer em estudá-la, sua chance de ter sucesso num trabalho em que a use é bastante grande. Se você adora matemática e encontra satisfação intelectual em estudá-la, então pode ser bom procurar um emprego no qual possa usá-la. As pessoas que não vão bem nos estudos mas têm habilidades atléticas talvez devam procurar um emprego no qual usem o corpo.

Talvez você esteja insatisfeito com o currículo de sua escola, mas precisa reconhecer que seu caminho futuro se tornará mais claro à medida que for identificando as matérias nas quais é bom de fato, e as outras nas quais não é. Observe quais matérias pesam mais na balança a seu favor e procure identificar qual é o seu destino.

Sua capacidade de estudar e sua profissão

Quando se trata de formação acadêmica, existem vários caminhos. Algumas pessoas vão para uma escola técnica a fim de aprender habilidades específicas, outras vão para uma faculdade. O nível de dificuldade para serem admitidas nessas escolas também varia.

No que se refere à diferença entre as pessoas, em termos de instrução, quanto mais difícil é a faculdade, mais as pessoas são capazes de pensar abstratamente. Elas adquirem a capacidade de compreender conceitos abstratos que não podem ser vistos ou tocados fisicamente, e de entender pensamentos e sistemas formados por palavras que não são concretas.

Por outro lado, as pessoas que não se saem muito bem, seja nos exames unificados pelo sistema de educação, em vestibulares ou quaisquer outros tipos de exames, e que não conseguem ingressar nas melhores universidades, podem ser mais adequadas para profissões práticas e concretas. Aquelas que são boas nos estudos tendem a buscar empregos que requerem capacidade de raciocínio abstrato, como pesquisadores, funcionários do governo e bancários. Contudo, as que não se destacam nos estudos podem achar mais fácil ter sucesso se dirigirem seus talentos para áreas mais práticas, que lidam com produtos tangíveis ou clientes.

O estudo pode mudar completamente uma pessoa

A escolha da carreira que você faz quando tem 18 ou 19 anos não passa de uma decisão preliminar, e você pode recomeçar e escolher um caminho diferente a qualquer momento. É sempre possível, naturalmente, tomar uma nova decisão no meio da vida e começar a seguir um rumo diferente. Por exemplo, pode haver pessoas que odiavam as aulas de língua estrangeira na escola e encontraram um emprego em que não teriam de lidar com esse idioma. Mais tarde, porém, elas podem começar a pensar que gostariam de trabalhar no exterior. Mesmo que comecem a estudar o idioma desse país aos 30 ou 40 anos de idade, ainda terão chance de sucesso se forem dedicadas. Esse é o poder do estudo. A diferença é nítida entre as pessoas que estudaram e as que não estudaram.

Cerca de 140 anos atrás, o professor e jornalista Yukichi Fukuzawa (1834-1901) escreveu um *best-seller* intitulado *Gakumon no Susume* ("Um incentivo ao estudo"). Nesse livro, Fukuzawa ensina uma coisa importante. Ele afirma claramente que todas as pessoas são iguais e que não é a condição de seu nascimento que as coloca em posições altas ou baixas. A única diferença entre as pessoas é se elas estudaram ou não. Para ele, o estudo pode mudar uma pessoa por completo. Ele incentivava as pessoas do Período Meiji ensinando que, se estudassem determinada matéria, poderiam conseguir um trabalho nessa área e se tornar pessoas diferentes. O estudo é o que distingue uma pessoa da outra. As palavras de Fukuzawa permanecem válidas até hoje.

*Você pode recomeçar
e escolher um caminho diferente
a qualquer momento.*

Ele também encorajava as pessoas a aprender coisas práticas, isto é, a obter uma instrução que pudesse ser de utilidade no mundo.

Uma língua estrangeira é, sem dúvida, um exemplo de estudo prático. Outros exemplos são: direito, economia, ciências comerciais e engenharia, assim como a construção de edifícios e pontes na arquitetura. Acredito que o incentivo dado por Fukuzawa aos estudos práticos representou um importante movimento de iluminação.

Embora eu seja um líder religioso, estudei direito e política na universidade. Normalmente, aqueles que almejam ser líderes religiosos se formam em faculdades da área de humanas, em cursos como religião, filosofia ou teologia indiana, mas eu não escolhi nenhuma dessas áreas.

Mesmo depois de entrar para o mundo profissional, quando estava na casa dos 20 anos, estudei sobretudo disciplinas práticas, como economia, administração e relações internacionais.

Eu usava meu tempo depois do trabalho e meus dias de folga para estudar religião, ideologias e assuntos sobre o mundo espiritual. Com o tempo, esses estudos tornaram-se minha principal linha de trabalho. É por esse motivo que a Happy Science tem certas características únicas.

Uma dessas características é a origem de seus membros. Você verá que os membros não são pessoas que tiveram formação religiosa ou que apenas gostam de religião. Ao contrário, a maior parte envolveu-se com religião pela primeira vez depois de conhecer os ensinamentos da Happy Science.

Outra característica é que, embora eu enfatize intensamente a fé, também são muito evidentes em nossa religião uma mentalidade racional e o conceito de fazer distinções claras. Isso ocorre porque entrei no mundo religioso após ter me graduado em estudos práticos.

Confio em minha capacidade de olhar para o mundo, de avaliar se alguma coisa tem valor ou não e declarar o que é inútil como sendo inútil. Acredito que essas são as características que tornam a Happy Science diferente das outras religiões.

4
O esforço atrai as forças do Céu

Nunca esqueci o espírito de autoajuda

Fundei a Happy Science em 6 de outubro de 1986. Naquela época, havia apenas dois funcionários voluntários numa sala de nove metros quadrados. Hoje, a organização já expandiu suas atividades por todo o Japão e agora está se espalhando amplamente no exterior.

Por trás de todo esse crescimento está, é claro, a ajuda dos espíritos guias e dos espíritos assessores do Mundo Celestial. Grandes forças do mundo espiritual estão atuando. Com isso, nossa capacidade aumentou dez, vinte, até mesmo cem vezes. No entanto, outras atividades também contribuíram para isso. Publiquei mais de 500 livros[5], dei inúmeras palestras e por trás destes trabalhos há um vasto acúmulo de meu esforço intelectual.

Nos últimos vinte e poucos anos, tenho trabalhado da maneira mais diligente possível. Recebi o auxílio da

---
5 Na época da realização desta palestra. Hoje ele conta com mais de 3.000 títulos publicados (maio de 2022). (N. do E.)

força externa do Mundo Celestial, mas nunca dependi completamente dessa força. Desde o dia em que decidi dedicar minha vida ao estudo, aos 10 anos, continuei estudando arduamente, realizando estudos acadêmicos depois dos 20 anos até os dias de hoje. Por mais de quarenta anos eu não esqueci nem uma única vez o espírito de esforço próprio e autoajuda, que o Céu ajuda aqueles que ajudam a si mesmos.

Quando vemos alguém que está sempre se esforçando de todo o coração, sentimos o desejo natural de aplaudir e dar-lhe nosso apoio. Porém, quando vemos uma pessoa preguiçosa e negligente, ou que está sempre querendo ir pelo caminho mais fácil, sentimos vontade de ajudá-la? Conseguimos respeitá-la e apoiá-la? Os espíritos elevados que estão no Céu sentem o mesmo. Eles querem ajudar pessoas que estão sempre se esforçando e trabalhando com total dedicação. Os espíritos elevados desejam apoiá-las e ajudá-las a se tornarem líderes.

A inspiração vem para aqueles que se esforçam

Um provérbio estrangeiro diz: "Os demônios tentam seduzir as pessoas ociosas, mas as pessoas ociosas atraem

A inspiração vem com mais frequência para aqueles que já estão se esforçando todos os dias.

os demônios por vontade própria". Em outras palavras, o homem ocioso parece querer percorrer o caminho da decadência com tanto fervor que acaba atraindo os demônios. A pessoa que os demônios mais desprezam é aquela que trabalha de maneira constante e dedicada. Eles detestam os que são humildes, que se esforçam com incansável perseverança e progridem. Pessoas desse tipo não estão numa faixa de vibração que entra em sintonia com os demônios.

Na Happy Science, ensinamos às pessoas que elas devem ser disciplinadas e sempre se esforçar. Você pode pensar que esses são ensinamentos rígidos, mas é o modo pelo qual você consegue se proteger dos demônios. Essas também são formas de receber a proteção e o apoio dos espíritos elevados. Esse é um dos motivos para se esforçar. Os demônios não se aproximam facilmente daqueles que se esforçam para melhorar a si mesmos. Os espíritos elevados sempre têm o desejo de guiar as pessoas esforçadas e abrir um caminho para elas.

Um poder que vem dos espíritos elevados é a inspiração. Por exemplo, os empresários de repente surgem com novas ideias para os negócios, os inventores apresentam novos conceitos para invenções, os pesquisadores encontram pistas que os levam às respostas que estavam procurando, os romancistas criam boas histórias.

Desse modo, a inspiração o visitará e você fará várias descobertas e terá novas percepções em seu trabalho. No entanto, a inspiração vem com mais frequência para aqueles que já estão se esforçando todos os dias. Ela poderá vir até você uma ou duas vezes na vida, surgindo do nada, mas se quiser recebê-la constantemente, precisará acumular muito trabalho árduo.

5
Um método de estudo para melhorar sua vida

Do estudo na escola ao estudo por meio da leitura

Discuti o espírito de autoajuda porque ele está relacionado à importância do estudo. Em seguida, vou falar sobre o modo de estudar.

Em primeiro lugar, embora esse seja um método ortodoxo, quando você é estudante, é importante que acompanhe seus estudos na escola de forma adequada.

Os professores estão ensinando da maneira que acham melhor, depois de pesquisarem vários métodos de ensino. Portanto, seja qual for o tipo de escola, você deve ser capaz de seguir os métodos usados nessa instituição.

Depois de se formar ou depois de ter conseguido um emprego, você poderá escolher o que deseja ler à vontade, então é importante continuar aprendendo por meio da leitura. O conteúdo dos livros que você escolher ler terá um grande impacto em sua maneira de estudar quando for adulto.

Leia meticulosamente livros referentes ao seu campo profissional

No início, a maioria das pessoas não sabe o que deve ler. Elas não têm ideia do que será bom ler, quais livros irão beneficiá-las, e se perguntam qual seria a melhor maneira de estudar na fase pós-escolar.

Desde que eu era jovem, tenho lido cerca de mil livros por ano (na época da palestra). Em meu livro *The Royal Road of Life*[6], no capítulo 7, intitulado "The Age of Daybreak" ("A era da alvorada"), escrevi que

---

6 *The Royal Road of Life* (em tradução literal, "A estrada real da vida". Nova York: IRH Press USA, 2020).

o primeiro passo para se tornar uma pessoa culta é ler pelo menos mil livros bons. Ao ouvir isso, você pode pensar: "De jeito nenhum vou conseguir ler mil livros!". Escrevi esse número porque é a quantidade que leio em um ano (na época da palestra), mas, de fato, ler tantos assim parece ser um grande desafio.

Mesmo ao examinar o currículo dos novos funcionários da Happy Science, vejo que a maioria das pessoas leu apenas algumas centenas de livros. A probabilidade de encontrar alguém que leu mil livros ou mais é menos de 1%.

Claro, quando você é jovem a leitura meticulosa é importante para seus estudos, por isso não é fundamental ter lido mil livros enquanto ainda é estudante. De modo geral, os livros didáticos e de referência precisam ser lidos atentamente; então, ler páginas aleatórias ou fazer uma leitura dinâmica não lhe servirá muito e não o ajudará a tirar notas melhores nas provas. O método básico de estudo na escola é ler várias vezes cuidadosamente, fazer anotações, sublinhar passagens importantes e resolver o caderno de exercícios.

Para formar um alicerce intelectual, é preciso realizar uma leitura minuciosa. Você tem de estudar o assunto com atenção e profundamente. Não aprenderá nada apenas folheando aleatoriamente as páginas de um livro. Se deseja ter sucesso em determinada área profissional, deve estudar essa área em profundidade. Se não cavar seu "poço de conhecimento" bem fundo, você nunca estará entre os melhores de sua área, nunca se tornará um verdadeiro profissional.

Leia bastante para ampliar seus horizontes

Depois de cavar seu "poço de conhecimento" até uma certa profundidade em sua área de atuação, você deve expandir seus estudos para outros assuntos e campos. Não importa quando, mas dedique algum tempo durante os intervalos do trabalho ou em seus dias de folga para ler obras de áreas diferentes. Aos poucos, quando quiser mudar seu estado de espírito, leia para se distrair sobre temas variados, diferentes dos relacionados à sua área.

Como esses livros não se relacionam à sua área profissional, você não precisa estudá-los a fundo e de forma minuciosa. Basta captar a essência do que o autor está dizendo e guardar as informações que lhe poderão ser úteis. Ao fazer isso, sua leitura se tornará mais rápida e você será capaz de ler muito mais livros. Se você ler com a única intenção de pegar informações daqui e dali, sua velocidade de leitura aumentará ainda mais, e você conseguirá ler uma grande variedade de assuntos.

Equilibre a leitura minuciosa com a leitura em quantidade

No entanto, somente ler livros em quantidade nunca o levará a ser realmente instruído. As pessoas que leem uma ampla variedade de títulos dessa maneira tendem a preferir aqueles de conteúdo muito leve. São capazes de ler apenas gêneros como ficção científica, mistério ou de nível semelhante ao das histórias em quadrinhos ou manuais que ensinam como fazer algo.

Você não deve adquirir o hábito de ler apenas livros de conteúdo leve. Você nunca será verdadeiramente instruído nem se tornará uma pessoa culta se não souber equilibrar a leitura minuciosa e a leitura em quantidade. Porém, como esses tipos de leitura são conflitantes, é difícil praticar os dois.

Procure livros que valem a pena ser relidos

Além de ler num ritmo rápido para obter informações com a leitura em quantidade, você também pode procurar títulos que valem a pena ser relidos. Depois de ler um certo número de livros que de fato são de seu interesse, você saberá identificar aqueles que devem ser lidos repetidamente.

Ao ler um livro apenas uma vez, não é tão fácil determinar se ele representa uma obra-prima para você e é necessário em sua vida.

Desse modo, é preciso ter lido um grande volume para encontrar livros que merecem ser lidos muitas vezes. Se seu "radar" captar que determinado livro é bom, você deve lê-lo de tempos em tempos. Em vez de relê-lo imediatamente, deixe passar um ano ou dois, ou até mais tempo.

Ao reler o mesmo livro, você conseguirá absorver o conteúdo principal dessa obra. Depois de lê-lo de cinco a dez vezes, as ideias do autor se tornarão suas, porque elas terão se fixado em sua mente. Então, antes que perceba, o profundo conhecimento que adquiriu se tornará parte de sua força interior e você verá a influência disso quando for expressar sua opinião ou estiver tomando alguma decisão.

Descobertas por meio dos livros da Verdade Búdica

Eu gostaria que você lesse os livros da Verdade Búdica muitas vezes, pois eles revelam a mente de Buda, a mente de Deus e as regras imutáveis comuns a toda a humanidade.

Como líder religioso, tenho pregado a Verdade Búdica e escrito muitos livros. Portanto, se você é um membro fervoroso da Happy Science, mesmo sendo jovem, provavelmente já leu um grande número de livros da Verdade Búdica, e as palavras da Verdade devem sair naturalmente de você.

Quando as pessoas que não estão familiarizadas com a Verdade ouvem essas palavras, devem ficar impressionadas pelo fato de você, sendo tão jovem, ter tamanha capacidade e maturidade. Elas ficarão admiradas com o fato de uma pessoa de apenas 20 ou 30 anos dizer coisas que normalmente só viriam de alguém com muita sabedoria de vida.

Esse é um dos frutos colhidos depois de ler os livros da Verdade Búdica muitas e muitas vezes. Não é possível absorver o conteúdo com uma só leitura. Porém, se você ler esses livros de tempos em tempos, seu conteúdo penetrará em sua mente e se tornará parte de quem você é.

Vamos pegar o exemplo do livro *Seishun no Genten*. Nele, escrevi o que chamo de segredos do sucesso para jovens de 10 a 30 e poucos anos. Portanto, caberia aos jovens pegar esse livro e relê-lo de vez em quando. É bem provável que você não tenha dado muita atenção a certas partes do livro que irão surpreendê-lo numa leitura posterior. Você poderá descobrir algo diferente cada vez que ler o livro. Ao deixar passar algum tempo entre uma leitura e outra, você fará novas descobertas, de acordo com suas necessidades naquele momento.

Não foi à toa que vivi mais de cinquenta anos até agora. Em *Seishun no Genten* e em outros títulos que escrevi para os jovens, identifiquei e reuni a maioria das armadilhas nas quais eles podem cair. No entanto, como eles estão escritos de maneira simples, os jovens podem acabar ignorando pontos importantes neles. Por essa razão, incentivo-os a tornar a lê-los periodicamente. Em muitos casos, você será capaz de entender o significado do livro quando esse conhecimento se tornar necessário para você.

O conhecimento sustenta seu poder de influência

No Japão, os presidentes de grandes livrarias dão seu selo de aprovação aos meus livros e até fazem questão de lê-los.

Como líder religioso moderno, acredito que tenho uma formação acadêmica diversificada. Também acredito que uma das razões pelas quais minhas atividades religiosas influenciaram uma gama tão grande de pessoas é devido a essa formação acadêmica. Na realidade, continuo a influenciar muitas pessoas que ainda não são membros da Happy Science. Por trás disso está o fato de que me esforço continuamente e, assim, recebo apoio do Mundo Celestial.

Ao discutir a importância do esforço próprio e apresentar uma forma de autoaprimoramento baseada na formação intelectual, este capítulo explorou o tema do "espírito faminto". Com incansáveis esforços contínuos, seu nível intelectual aumentará de modo constante, ampliando sua capacidade. Não perca seu espírito faminto, mesmo quando envelhecer. Espero que você cultive dentro de si a coragem de viver sua vida de forma destemida, por meio de um contínuo treinamento intelectual.

Capítulo IV

Seja como a Flama Ardente

Descubra a verdadeira coragem imaginando seus últimos momentos de vida

AS LEIS DA CORAGEM

1
A diferença entre as pessoas bem-sucedidas e as que fracassam

Pessoas infelizes só pensam em si mesmas

Neste capítulo, que chamei de "Seja como a flama ardente", vou falar sobre a atitude mental necessária para ter sucesso neste mundo. Embora seja um título bastante poderoso, eu gostaria de me dirigir não só aos jovens, mas levar esse benefício também a uma ampla gama de leitores.

Os jovens talvez estejam preocupados com sua autorrealização e seus planos para o futuro. Eles também podem estar incertos sobre o amanhã. Quando eu tinha uns 20 anos, não era particularmente brilhante nem possuía um estado de espírito excepcional, que fosse mais elevado que o das outras pessoas. Quando reflito sobre minha vida, sinto que, de certa forma, eu tinha uma visão muito egocêntrica do mundo nos meus tempos de estudante. Vivia de acordo apenas com meu ponto de vista.

A maioria dos estudantes deve estar vivendo assim. De 80% a 90% deles não conseguem deixar de pensar de maneira egocêntrica. Somente aqueles que na infância aprenderam com os pais a seguir uma ideologia, uma filosofia ou religião são capazes de ver as coisas a partir de uma perspectiva diferente.

As pessoas que cresceram em circunstâncias normais, vivendo num ambiente competitivo, muito provavelmente estão levando uma vida egocêntrica. Elas pensam: "O que devo fazer?", "Como posso ter sucesso?", "Como poderei me sentir realizado?". Essas pessoas só têm interesse em seu próprio futuro e não se preocupam com os outros. Seu próprio futuro, seu sucesso, sua promoção; é nisso que pensam o dia todo, preocupadas somente consigo mesmas.

Eu também fui assim, então não posso criticar ninguém por essa atitude. Como a maioria dos jovens, também passei meus dias de estudante só pensando em mim. Claro, o tempo que você gasta como estudante é o tempo para estudar. Você estuda para ter conhecimento. Após a conclusão desse período, o conhecimento que você adquiriu dará como retribuição algo benéfico e valioso à sociedade. Por isso, é importante investir em si mesmo nos anos de escolaridade e estudar para seu próprio progresso. Não há nada de errado nisso, absolutamente.

Todavia, quero dizer aos jovens que, no meu caso, enquanto pensava apenas em meu sucesso pessoal, eu não consegui ser feliz. Durante o período escolar, eu só buscava minha própria felicidade e meu sucesso, acreditando que nunca seria feliz se não fosse bem-sucedido. Eu era muito sensível, perturbado por sentimentos de inferioridade e inveja.

A instabilidade surge quando não se é aceito

A necessidade de sempre falar mal dos outros revela como uma pessoa é infeliz. Pessoas felizes raramente falam mal dos outros ou os criticam.

Há pessoas que difamam os outros, dizendo coisas ruins a seu respeito. Mas também existem aquelas que depreciam a si mesmas, pois acham que não são aceitas como gostariam de ser. Esse sentimento pode resultar em um dos dois extremos: atacar os outros ou autodepreciar-se.

Indivíduos de vontade forte, competitivos ou extrovertidos tendem a optar pelo ataque aos outros. Seus atos abusivos podem ser em forma de insulto, crítica, fofoca, discriminação, exclusão de pessoas, intriga. Suas ações podem variar, mas, basicamente, eles perseguem e maltratam outras pessoas. Por outro lado, as pessoas quietas e introvertidas optam por atormentar a si mesmas. Tudo começa com um sentimento de inferioridade. Elas podem sentir-se inferiores porque não são muito inteligentes, possuem um temperamento desagradável, não têm uma boa aparência ou vieram de uma família pobre, sem projeção na sociedade.

Há uma infinidade de fatores que podem fazer com que essas pessoas se sintam inferiores. Muitas delas encontram em si mesmas todos os aspectos de inferioridade e usam-nos para se manter na defensiva. Costumam entregar-se à autopiedade, desempenhando o papel de heróis trágicos e, julgando-se tão sofredoras, consolam-se, achando que estão salvas. Um enorme número de pessoas passa a vida lamentando sua própria infelicidade.

O terceiro tipo de pessoa é aquela que ataca constantemente tanto a si mesma como aos outros. Em geral elas são naturalmente talentosas e possuem grande força de vontade, mas também têm um lado sensível. Quando estão sozinhas em casa, fazem duras críticas a si, sentem-se magoadas e choram; mas, em público, insultam e atacam os outros, vangloriam-se de suas realizações e criticam tudo e todos. São pessoas muito complicadas.

Quando encontramos alguém assim, temos a impressão de que se trata de uma pessoa abusiva, com a qual seria difícil conviver. Na verdade, quando pessoas desse tipo chegam em casa, choram amargamente arrependidas de suas ações. Odeiam-se a ponto de desejarem morrer. Deve haver muitos jovens que, de tamanha vergonha, gostariam de poder esconder-se num buraco escuro.

Tornar os outros felizes faz você feliz

Descrevi os diferentes tipos de pessoas que existem, mas eu mesmo experimentei todas essas emoções. Com o passar do tempo, isso se torna uma história do passado, mas, para aqueles cuja mente está oscilando entre os dois extremos agora, é uma grande dificuldade escapar desse turbilhão de sofrimentos.

Sofri durante anos quando jovem, até que tudo acabou num simples despertar. Esse despertar foi o término de uma longa batalha mental que travei ainda na casa dos 20 anos.

Compreendi, por fim, que nunca encontraria a felicidade ou o sucesso se continuasse concentrado apenas em mim. Enquanto uma pessoa continua agarrada a um ponto de vista egocêntrico, pensando "quero ser feliz" ou "quero ser bem-sucedido", não pode alcançar a felicidade ou o sucesso.

Descobri a seguinte Verdade: nos tornamos felizes e bem-sucedidos quando decidimos fazer os outros felizes e os ajudamos a alcançar o sucesso. Embora esta Verdade seja muito simples, é um ensinamento que encontramos em todas as religiões do mundo. É o que chamamos de "Regra de Ouro", e trata-se de um ensinamento que está sempre presente.

Aqueles que levam uma vida egocêntrica têm extrema dificuldade em perceber essa verdade. E só conseguem compreendê-la quando passam por uma grande adversidade e são forçados a abrir os olhos para a Verdade religiosa.

Assim, se eu fosse dar um conselho a você ao iniciar sua carreira profissional, diria: "Seja uma pessoa que leva felicidade aos outros. Torne-se uma pessoa capaz de levar os outros ao sucesso. Este é o caminho para seu próprio sucesso". Essa Verdade será o fator decisivo para você se tornar bem-sucedido ou fracassar no mundo profissional.

Aqueles que levam felicidade aos outros serão bem-sucedidos

Como essas palavras são abstratas, deixe-me tentar ilustrá-las com alguns exemplos específicos. Esse conceito não se aplica somente aos gênios ou a grandes personalidades, mas também serve para pessoas que seguem carreiras comuns, em qualquer tipo de trabalho.

Vamos pegar, por exemplo, um artista de história em quadrinhos. O artista que desenha com a intenção de agradar aos leitores terá sucesso. Por outro lado, um outro que só desenha o que quer, para agradar a si mesmo, não será bem-sucedido. Este princípio se aplica até a motoristas de táxi. Muitos passageiros são pressionados pelo tempo. Então, terá sucesso o motorista que sempre conduzir os clientes até seu destino com precisão e confiança.

O mesmo pode ser dito a respeito dos professores. Os bem-sucedidos são aqueles que se empenham em descobrir o que podem fazer para ajudar cada aluno a desenvolver seus pontos fortes e superar as fraquezas, progredindo de modo saudável. Os professores capazes de orientar os alunos, preocupando-se de modo genuíno com cada um deles, serão bem-sucedidos.

*Seja uma pessoa que leva felicidade
aos outros. Torne-se uma pessoa
capaz de levar os outros ao sucesso.
Este é o caminho para seu próprio sucesso.*

Alguns deles, porém, só pensam em chegar ao fim do dia; então, tudo o que fazem é desperdiçar tempo durante as aulas. É muito improvável que esses professores desleixados sejam felizes. A expressão "matar o tempo" descreve isso com perfeição. "Matar" é uma palavra pesada, mas é isso o que fazem alguns professores: matam o tempo.

Professores bem-sucedidos olham para todos os alunos de sua classe e sentem no coração que ensinar cada um daqueles estudantes é uma oportunidade única na vida. Os professores que acreditam que sua classe é especial e desejam ensinar àqueles jovens algo valioso ou significativo serão bem-sucedidos.

Podemos dizer o mesmo de empregos em empresas ou corporações. Digamos que você esteja no setor de vendas e tem uma meta a cumprir. Quer você seja um vendedor em uma loja de departamentos ou em uma joalheria, sempre haverá metas de vendas diárias, mensais e anuais que você terá de cumprir. No entanto, há uma grande diferença entre uma pessoa que trabalha duro apenas para atingir determinada cota e uma outra que trabalha com dedicação para fazer os outros felizes.

Digamos, por exemplo, que você consiga um emprego numa grande loja e vá para o departamento de roupas femininas. Mesmo sendo um funcionário novo, você tem metas de vendas diárias, mensais e anuais a cumprir. Mas você não pode dizer às clientes: "Minha meta de hoje é vender 5 mil dólares, então, por favor, compre os 2 mil que estão faltando para eu atingir minha cota". Claro, ninguém fará uma compra de 2 mil dólares só porque essa é a quantia que está faltando para você cumprir sua meta. As pessoas iriam embora sem comprar nada. A meta dos atendentes não importa aos clientes. Os números de vendas só dizem respeito ao salário e ao avanço profissional do vendedor.

Porém, nesse mesmo departamento de roupas femininas, pessoas bem-sucedidas se comportariam de modo completamente diferente. Elas observariam a cliente e teriam cuidado redobrado ao pensar no tipo de roupa que a deixaria mais bonita ou realçaria seu encanto natural, que a deixaria mais adorável para o marido ou namorado. Esses vendedores tentariam imaginar quais joias ficariam bem naquela cliente. Pessoas bem-sucedidas na profissão são aquelas que dedicam esse cuidado e essa atenção aos outros.

Ser bem-sucedido ou não se resume a um único pensamento: pessoas egocêntricas não alcançam o sucesso. É justamente o contrário. Aquelas que desejam o sucesso para os outros serão bem-sucedidas.

Outro exemplo do que estou dizendo está no mundo da culinária. Quer estejam cozinhando em restaurantes ou em casa, os cozinheiros que trabalham como *chefs* apenas com o objetivo de ganhar a vida não serão bem-sucedidos. Mas aqueles que põem o coração no que fazem, movidos pelo desejo de fazer com que seus clientes fiquem com energia, bem nutridos e se tornem saudáveis, esses, sim, terão sucesso. Quer estejam servindo aos clientes como garçons ou trabalhando como cozinheiros, aqueles que desejam sinceramente que as crianças que comem no restaurante cresçam fortes e que todos da família desfrutem o jantar são profissionais que trilharão o caminho do sucesso.

No entanto, há ajudantes de cozinha que criticam o cozinheiro-chefe por não lhes ensinar seus segredos e trabalham de má vontade. É comum, no mundo da culinária, os *chefs* experientes não ensinarem a seus aprendizes como cozinhar bem. Mandam que eles "roubem" por conta própria o modo de preparar o prato, o sabor e as receitas, dentre outros. Os aprendizes aprendem as formas de cozinhar ao longo dos anos, observando como outros *chefs* preparam seus pratos, experimentando e vendo como realçam um sabor, como combinam especiarias e temperos. Há cozinhas em que os *chefs* não ensinam com gentileza seus aprendizes a cozinhar. E pode haver algumas em que o *chef* castiga os aprendizes quando eles não conseguem aprender sozinhos. Nessas situações de trabalho, as pessoas nunca serão bem-sucedidas se acreditarem que estão sendo maltratadas.

Por outro lado, as pessoas que têm o desejo de pesquisar e aprender para proporcionar prazer e felicidade a seus clientes alcançarão o sucesso, sem dúvida. A essência de tudo isso está, de fato, nesse ponto: o caminho que leva os outros à felicidade não apenas traz felicidade a eles, como também a você. Espero que você tenha sempre isso em mente. É uma maneira simples de encontrar o sucesso.

Descubra um futuro dentro de si

As pessoas têm uma tendência a assumir uma perspectiva egocêntrica e viver desse modo. Por isso, é importante que você mude sua forma de pensar e mantenha uma atitude de ajudar os outros a encontrar o sucesso e a felicidade. Quando for capaz de ver a vida desse ponto de vista, as portas para o reconhecimento em sua carreira profissional começarão a se abrir. Eu gostaria de enfatizar imensamente que esse é o caminho para alcançar a autorrealização.

Outro ponto a destacar é que, mesmo que cada pessoa encontre seu próprio caminho para a felicidade e comece a ter sucesso, isso não significa que todos seguirão pela mesma estrada. Como cada pessoa nasce com diferentes talentos e dons, o caminho de cada uma será diferente.

Na Happy Science, ensinamos que é importante estudar muito, mas isso não significa que todos serão estudantes brilhantes e se tornarão cientistas, executivos, banqueiros ou advogados. Há várias profissões que as pessoas podem seguir, e é extremamente importante que, antes de mais nada, você conheça seu potencial.

Você precisa encontrar seu futuro dentro de si mesmo. É muito importante descobrir a imagem do seu "eu" futuro dentro do seu próprio coração. Que tipo de semente do futuro está brotando em seu íntimo? Eu gostaria que você descobrisse isso.

Aprenda com os outros

A ideia de que os indivíduos formados em universidades de elite são superiores e que os formados em universidades sem grande prestígio são inferiores parece estar se espalhando pelo mundo. A sociedade também está vendo algumas profissões como superiores a outras. Por favor, faça um esforço para não olhar o mundo por essa perspectiva. Cada pessoa tem seus pontos fortes, e pode-se aprender algo com qualquer uma delas.

O escritor Eiji Yoshikawa (1892-1962) parece ter vivido de acordo com as palavras: "Todos, além de mim, são meus professores". Em seu romance, o personagem Musashi Miyamoto diz algo nesse sentido: "Todos e tudo neste mundo são professores para mim". Essa ideia de que "todos, além de mim, são meus professores" de certa maneira está correta.

Em sua classe, na escola, há aqueles que não tiram notas tão altas quanto as suas, mas são capazes de apontar seus erros, elogiar seus pontos fortes e lhe dar conselhos. Há também pessoas de baixo nível intelectual que fazem comentários contundentes que funcionam como verdadeiras revelações. Você pode aprender muitas coisas com as diferentes pessoas que encontra neste mundo.

Ao entrar no campo profissional, você continuará a conhecer muita gente, como chefes, colegas e amigos, que sempre terá algo a lhe ensinar. Portanto, não julgue essas pessoas com base em suas preferências. É importante pensar que todas têm pontos fortes e que você pode aprender com elas. Pode haver pessoas de quem você não gosta e outras com as quais não quer ser parecido por causa de suas fraquezas ou defeitos. Se você se sente assim em relação a alguém, simplesmente decida que não será igual a essa pessoa. Observe seus pontos fracos e deficiências e, se sentir desgosto pelo que vê, diga a si mesmo que não se tornará assim e faça um esforço para realmente não ficar igual.

Nas décadas que tenho passado no meio da sociedade, venho observando uma coisa: há sempre alguém dizendo que não gosta de uma certa pessoa ou que não quer se tornar igual a determinado colega. No entanto, quando esse determinado colega é transferido para outro departamento, aquele que não queria ser igual a ele começa a agir do mesmo modo que ele agia.

Um exemplo disso são as vítimas de *bullying*, que acabam perseguindo outras pessoas. Seria ótimo se elas decidissem elogiar os outros e tratá-los bem, mas em vez disso acabam agindo exatamente como as pessoas que elas odiavam por persegui-las e atormentá-las. Isso acontece porque, quando uma pessoa consegue enxergar claramente um certo defeito em outra, em geral, é uma boa indicação de que ela própria tem algo em comum com aquela a quem critica. É porque as duas pessoas são tão parecidas que uma percebe os defeitos da outra. Se as duas não tivessem nada em comum, os defeitos não seriam notados. Você vê claramente nos outros as características que tem em comum com eles. É por isso que as pessoas que dizem "Eu nunca vou ser daquele jeito" muitas vezes acabam agindo exatamente como as pessoas que desprezam.

2
Torne-se um bom líder que realiza um ótimo trabalho

Brilhe como uma estrela aos 20 anos

A seguir, falarei sobre o rumo que você deve dar ao seu desenvolvimento para ter sucesso. Na faixa dos 20 anos, é importante dar um bom polimento em si mesmo para se tornar alguém que brilha como uma estrela.

Pessoas talentosas são como "pregos num saco de pano". Se você colocar pregos num saco de pano, as extremidades pontudas acabarão perfurando o tecido. Do mesmo modo, o talento das pessoas inteligentes e engenhosas sempre vem à tona, mais cedo ou mais tarde, não importa onde elas estejam.

Aquelas que mostram seu talento num instante, como os "pregos num saco de pano", parecerão estar brilhando. São elas que mais facilmente chamam a atenção de seus superiores; é por isso que são escolhidas, recebem apoio e parecem já estar trilhando o caminho para o sucesso. É essa a experiência que os jovens na casa dos 20 anos devem ter. A menos que se torne alguém que irradia luz, você terá dificuldade em obter o reconhecimento daqueles ao seu redor.

Os líderes promovem o desenvolvimento de outras pessoas

Assim como um prego afiado pode nos ferir, se você ferir os outros constantemente, apontando suas falhas ou medindo suas fraquezas, nunca poderá realizar um ótimo trabalho. Esses "pregos num saco de pano" devem crescer e se transformar em pessoas de alta qualidade.

Você não deve usar sua grande capacidade intelectual para ferir os outros. Se você se tornar um líder, não importa com quem esteja trabalhando, deve se esforçar para ajudá-los a crescer de acordo com suas habilidades.

Por exemplo, você deve orientar aqueles indivíduos com grandes talentos a tornarem-se ainda mais talentosos. Embora possa haver apenas alguns gênios, você deve ajudá-los a desenvolver seus talentos e levá-los a um objetivo maior. Deve também cultivar os pontos fortes das pessoas comuns e ajudá-las a superar suas fraquezas. Se houver pessoas com capacidade profissional abaixo da média, faça um esforço para levá-las a um nível padrão. É muito importante adequar o modo como você ensina e nutre as pessoas de acordo com as necessidades e características de cada uma.

Outro ponto importante é aproximar as pessoas por meio do trabalho de equipe. É uma experiência valiosa formar uma equipe para executar até o fim um grande projeto ou plano.

A capacidade de liderança desempenha um enorme papel. Não se pode medir essa capacidade de liderança por meio de um exame escolar. Liderança é a capacidade de reunir cinco, dez ou até mais pessoas e fazer com que um grande projeto seja realizado.

E essa capacidade não pode de forma alguma ser avaliada em um teste. Essa habilidade só surge quando a pessoa entra no mundo profissional. Esse potencial de liderança emergirá ou não dependendo em boa parte da grandeza de seu caráter, do seu nível de tolerância e de sua generosidade.

Não se trata somente de projetar seus talentos para fora ou pensar apenas em desenvolver suas próprias habilidades. Lembre-se de que todas as pessoas têm características únicas, e que você precisa ajudar cada indivíduo a se desenvolver do modo mais adequado a ele. Com isso em mente, é importante seguir na direção de melhorar a produtividade geral do grupo. É isso o que se exige de um bom líder.

Espero que você se lembre sempre disso.

Pontos essenciais para que as mulheres se tornem boas líderes

No futuro, aumentará cada vez mais o número de mulheres ocupando altas posições no mundo empresarial. Portanto, há algumas coisas que eu gostaria que elas tivessem em mente quando passarem para cargos mais altos.

Cerca de cinco ou dez anos depois que uma mulher entra numa profissão e começa a ter pessoas subordinadas a ela no trabalho, uma certa "lei" entra em ação. Por um lado, as mulheres tendem a ser muito severas com outras mulheres que são suas subordinadas. Ninguém estabeleceu essa lei explicitamente, mas ela existe. Quando vista de um ângulo diferente, essa lei também mostra que mulheres em cargos de gerência tendem a não elogiar mulheres mais jovens do que elas. Essa é uma grande diferença observada entre homens e mulheres.

Os homens não fazem objeção a ter mulheres trabalhando sob seu comando. No entanto, as mulheres são extremamente duras com as subordinadas e não costumam elogiá-las, sobretudo as mais jovens. Essa lei realmente existe, por isso, por favor, tenha cuidado. Se você é mulher e se encontra numa posição de comando, por favor, desenvolva o hábito de elogiar suas subordinadas.

Esse é o primeiro grande obstáculo que as mulheres encontram antes de poder ascender a um cargo de gerência.

Mesmo do ponto de vista masculino, existem muitas mulheres talentosas e trabalhadoras. No entanto, o principal obstáculo é se elas serão capazes de extrair o melhor de suas subordinadas. Os seus chefes se preocupam mais com a sua capacidade para comandar as subordinadas do que os subordinados.

A tarefa mais difícil para uma mulher é ser capaz de utilizar o trabalho de outras mulheres. A pior forma de provocação ocorre entre elas. Os homens, por sua vez, ficam atônitos diante desse relacionamento implacável e têm dificuldade para indicar mulheres para cargos de comando.

Se você é mulher e foi colocada num cargo de gerenciamento, não implique com outras mulheres simplesmente porque elas são mais jovens. É importante que você cuide delas. Ao assumir um cargo gerencial, você deve avaliar o trabalho de seus subordinados, homens e mulheres, de modo justo e imparcial. Ao mesmo tempo, precisa elogiá-los e reconhecer seus méritos, desenvolvendo em si mesma o desejo de ajudá-los a ganhar experiência e trabalhar melhor. Mesmo que você seja muito jovem e ainda não possa imaginar-se numa posição de comando, lembre-se desse ponto porque, quando se tornar gerente, poderá ter a tendência de implicar com suas subordinadas só por elas serem jovens.

Uma mulher que, num ambiente de trabalho, é capaz de dar crédito a outras mulheres ganhará o respeito dos colegas do sexo masculino. As empresas se sentem confortáveis em confiar cargos de gerenciamento a mulheres desse tipo. Se você é uma mulher assim, seu chefe verá sua habilidade para utilizar o trabalho de outras mulheres e poderá promovê-la a cargos mais altos sem preocupação.

Mesmo que seja uma pessoa capaz e talentosa, se não souber usar bem o trabalho dos outros, você fará com que a equipe desmorone e, com isso, impedirá que todos trabalhem com eficiência. Como isso provoca um resultado geral negativo, as empresas não podem lhe dar uma promoção para um cargo gerencial.

Esta é uma geração com muitas mulheres em posição de liderança. Assim, se você é mulher, deve se esforçar para adquirir a capacidade de fazer julgamentos justos e imparciais. Para julgar pessoas de forma justa, procure observar o trabalho e as habilidades dos outros por uma perspectiva neutra.

Não espere tratamento especial porque é mulher. Se quiser conviver bem com os homens no mundo profissional, você vai ter de ser capaz de fazer julgamentos justos e imparciais.

Capítulo IV *Seja como a Flama Ardente*

Conselhos para homens que trabalham subordinados a mulheres

No futuro, haverá muitos homens trabalhando para mulheres. E o que um homem deve fazer quando está subordinado a gerentes do sexo feminino? Se você é homem, há certas coisas que vai precisar fazer. Primeiro, esteja sempre asseado e bem-arrumado. Então, certifique-se de cumprir todas as promessas que fez e seguir fielmente todas as instruções que receber.

As mulheres detestam homens de aparência descuidada, desleixada e que não são pontuais. Elas têm estas características, por isso você deve se esforçar para não desagradar suas chefes. Leve esse ponto muito a sério quando estiver trabalhando com mulheres.

Além disso, nunca dê a impressão de que se acha superior por ser homem e jamais ridicularize sua chefe por ela ser mulher. Você deve reconhecer a capacidade dela, tratá-la com respeito e ser leal a ela.

Se você mantiver essa conduta, sua chefe o tratará de modo justo. A empresa a colocou numa posição de comando por ela ter a capacidade e as habilidades necessárias para isso. Se você for justo e imparcial com ela, de modo igualmente justo ela julgará seu trabalho.

3
Crie a segunda Renascença

Agora eu gostaria de falar sobre uma visão do futuro que será o sonho e a esperança dos jovens. Já abordei esse assunto várias vezes no passado, mas esta era atual é o momento decisivo da grandiosa virada da história. A civilização que emergiu da Grécia estendeu-se para o Ocidente, alcançando os Estados Unidos, e fluiu para o Japão. Do mesmo modo, a civilização oriental, originada na Índia, viajou para a China e desembocou no Japão.

Olhando para o fluxo da história por uma perspectiva mais ampla, vemos que agora uma grandiosa civilização que une as civilizações oriental e ocidental está prestes a nascer no Japão. Com o encontro dessas duas civilizações, logo chegará a era em que uma nova civilização surgirá, emergindo do Japão, e se espalhará pelo mundo. É isso que está previsto. É por essa razão que espero que os jovens que irão viver nesta era futura criem a segunda Renascença no Japão.

Para que isso ocorra, ele deve prosperar e florescer nos cem anos do século XXI como um país que conduz o mundo. Começando com a política, a economia e a arte, seguindo pelo campo tecnológico, inclusive o desenvolvimento da tecnologia aeroespacial e os avanços nos estudos oceânicos, o Japão deve assumir a liderança em todas as áreas de estudo. Essa é a missão de vida dos jovens que vivem no Japão agora.

Se uma nova civilização de alto nível for construída, pessoas do mundo inteiro virão ao Japão para estudar essa nova civilização. Assim como a água flui naturalmente das terras altas para as terras baixas, essa nova civilização fluirá para todos os cantos do planeta. Para criar uma nova cultura ou uma nova civilização é preciso haver um firme alicerce espiritual. É necessário haver um progresso espiritual à altura do progresso material.

É por isso que estou pregando tantos ensinamentos em minhas palestras. Chamo essa nova civilização, para a qual devemos progredir, de "A Civilização de El Cantare".

> *Por favor, desejo que você tenha grandes aspirações.*
> *As pessoas se tornam o que pensam em se tornar.*
> *Suas aspirações determinam quem você se tornará.*
> *Mostre-nos as suas aspirações.*
> *Então, você saberá quem você é.*

Você não conseguirá ser maior do que suas aspirações. Por favor, guarde isso no coração.

4
Tenha a coragem de viver como uma flama ardente

Para criar uma nova era é preciso ter coragem. Mesmo que eu lhe peça para ter coragem, talvez você não saiba o que fazer. Algumas pessoas podem ficar confusas, sem saber que tipo de pessoa devem se tornar. Pense na coragem como algo que surge quando alguém se prepara para morrer.

No budismo, existe a expressão "Dar a vida pela Verdade". Isso significa não poupar sua vida e preparar-se para a morte. Só quando você estiver preparado para morrer por uma causa é que perceberá o que é realmente a coragem.

Portanto, somente nesse ponto você entenderá pela primeira vez a natureza da coragem e será capaz de reunir a verdadeira coragem.

*As pessoas se tornam
o que pensam em se tornar.
Suas aspirações determinam
quem você se tornará.*

> *Se você deseja realmente saber o que é coragem,*
> *Não pense em "como viver",*
> *Mas em "como morrer".*
> *Por favor, pergunte a si mesmo:*
> *Que tipo de vida quero viver e como quero morrer?*
> *Como desejo que sejam meus últimos momentos?*
> *Que tipo de pessoa desejo ter me tornado*
> *Quando morrer?*
> *Como quero que as pessoas se lembrem de mim*
> *Depois da minha morte?*
> *E pense sobre isso.*

A resposta para todas essas perguntas é a coragem que você precisa ter. Vou repetir: se você quer saber o que é coragem, prepare-se para a morte. Somente nesse instante você conhecerá a verdadeira natureza da coragem. Então, quando encontrar a resposta para essas perguntas, a verdadeira coragem começará a despontar em seu íntimo como uma flama ardente. A partir desse ponto, uma vida completamente nova se abrirá à sua frente.

Para finalizar, eu gostaria de fazer um pedido a todas as pessoas, sobretudo aos adolescentes e aos que estão na casa dos 20 anos. Com certeza, a maioria permanecerá na Terra por mais tempo que eu. Muitos poderão viver para ver as portas do século XXII se abrirem.

Desejo que minhas palavras sejam transmitidas aos jovens que viverão no próximo século. Eles precisam ouvir o que Ryuho Okawa disse: "Se você realmente deseja saber o que é coragem, deve preparar-se para a morte. Nesse momento, você conhecerá a verdadeira natureza da coragem".

O próximo século produzirá sua própria geração de jovens. Essa geração continuará a construir a nova era para a criação da Civilização de El Cantare. A fim de transmitir à nova geração de jovens essa aspiração de criar uma nova civilização, aqueles que estão na adolescência ou na casa dos 20 anos devem sobreviver a este século.

Por favor, viva com bravura para poder abrir uma nova era.

Uma mensagem para você 2
O destino cuidará de si mesmo se você tiver coragem

O destino cuidará de si mesmo se você
  tiver coragem.
Se você tiver coragem, tudo será possível.
Pare de dar desculpas e lute com coragem.

Se você tiver coragem,
Será capaz de dizer aquela palavra importante.
Se tiver coragem,
Será capaz de estender uma mão amiga.
Se tiver coragem, poderá se erguer, fortalecido.
Se tiver coragem, poderá salvar a vida
  de outras pessoas.
Será capaz de mudar seu próprio destino.
Será capaz de mudar o destino de outras pessoas.
Isso é coragem.

A criação de uma Utopia começa com
    a coragem.
Se ninguém se erguer corajosamente,
A Utopia nunca se realizará.
É preciso haver pessoas
Que de boa vontade deem a vida por essa luta,
Que não pensem em colher para si mesmas,
Que não queiram apanhar os frutos maduros
    para si.
É preciso haver pessoas
Que se dediquem
À geração futura.
E é de coragem que essas pessoas precisam.

Capítulo V

Viva uma Vida Baseada na Verdade

Seu futuro mudará quando você perceber sua conexão com a Árvore Cósmica

AS LEIS DA CORAGEM

1
Uma nova perspectiva do mundo a partir da Árvore Cósmica

Existe uma enorme Árvore da Vida no Universo

Neste livro, mostrei diversas maneiras concretas de pensar sobre a "coragem" na vida. Neste último capítulo, eu gostaria de dar um passo à frente num aspecto mais místico da vida e falar sobre a coragem necessária para levar uma vida plena e verdadeira. No segundo capítulo, afirmei que se você mudasse de perspectiva, todo o seu sofrimento começaria a parecer diferente. Neste capítulo, eu gostaria de levar esse ponto de vista para o nível mais amplo do Universo, apresentando uma nova visão da humanidade, da vida e do mundo.

Desde o despertar da minha visão espiritual, há cerca de trinta anos, tenho continuado a pesquisar o mundo espiritual. Minha abordagem sobre a nova visão da humanidade e do mundo é bem diferente do "senso comum" existente no mundo atual. Então, por favor, não tente compreender com base nesse conhecimento, mas substitua-o por essa nova perspectiva.

Primeiro, vamos pensar no "sentido da sua vida". Como você compreende sua própria existência? Você pode achar que está vivendo sua vida como um ser humano individual, com características próprias e, porque você e os outros têm corpos separados, pode acreditar que cada um é um ser vivo independente. No entanto, eu gostaria que todas as pessoas considerassem se "essa percepção de si mesmo" está correta sob a verdadeira perspectiva e visão de vida.

No mundo da religião há muitas lendas sobre uma imensa árvore que existe no Universo. Essas lendas falam da existência de uma grande Árvore da Vida que cresce no Universo. Eu já escrevi sobre uma parte desse segredo no Capítulo 5, "Vivendo para a Eternidade", do meu livro *Seimei no Hou*[7]. Creio que muitas pessoas já o leram.

O mundo visto por um telescópio é muito diferente daquele que você veria pelos olhos espirituais. No Universo existe de fato uma imensa árvore com ramos enormes que se dividem em vários outros

---

[7] *Seimei no Hou* (em tradução literal, "As Leis da Vida". Tóquio: IRH Press Co. Ltd., 2007). (N. do E.)

ramos menores e se estendem em todas as direções. Essa "Árvore da Vida" também é chamada de "Árvore Cósmica".

Eu não sou o único a dizer isso. Embora nunca ninguém a tenha visto com seus próprios olhos, esta é uma lenda transmitida desde a Antiguidade (na mitologia nórdica, existe a lenda da Yggdrasil, a "Árvore do Mundo"; na Mesopotâmia, na China antiga, na Índia antiga, na Mesoamérica e em muitas outras regiões do mundo há inúmeros mitos sobre a imensa árvore que simboliza a vida).

A enorme árvore chamada El Cantare: a origem de toda a vida na Terra

Olhando por uma perspectiva maior, vê-se que os galhos dessa enorme árvore vão muito além do nível da Terra e se estendem por todo o Universo.

Quando se olha do ponto de vista deste nosso planeta, percebe-se que há uma grande árvore crescendo como um pilar no meio do grupo espiritual ao qual chamamos de Terra. E o nome dessa imensa Árvore da Vida é El Cantare, a origem de toda a vida na Terra. Dela flui toda energia espiritual. Há muitos galhos grandes saindo dessa enorme Árvore da Vida, e esses galhos correspondem aos diferentes grupos étnicos do grupo espiritual terrestre. As várias etnias dos diversos países são equivalentes a esses galhos.

O que é que determina uma etnia? É a religião. As diferenças entre as etnias são, na verdade, a diferença entre as religiões. Cada etnia é um grupo originado por pessoas conduzidas por um líder religioso que pregou novos ensinamentos. A partir de então, muitos ramos grandes se separaram à medida que as várias religiões e grupos étnicos floresceram em várias épocas diferentes.

A religião é a base fundamental da cultura e da civilização. É seu alicerce. Ao longo de milhares de anos, um determinado grupo étnico cria uma cultura que possui várias características, e as pessoas reencarnam nele várias vezes, experimentando a cultura daquela religião específica.

Se você olhar para a ponta desse grande galho grosso de grupo étnico, poderá ver que ele volta a se dividir muitas vezes em galhos menores. Alguns desses galhos podem se juntar formando um país. Eles podem ir além de um país, estendendo-se e se reunindo para formar uma região como a Ásia e Europa, ou ainda se estendendo pelo mundo todo. Em resumo, os galhos maiores se ramificam em ramos menores que formam diferentes países, regiões ou grupos de pessoas que compartilham um certo modo de pensar.

A descoberta do verdadeiro "eu" como parte da Árvore Cósmica

Os galhos dessa árvore dividem-se continuamente. Dos galhos grandes saem os médios, e dos médios brotam outros mais finos. Então, da extremidade desses galhos originam-se inúmeros galhos menores repletos de folhas.

Observando-os ainda mais de perto, vê-se que existem seis folhas presas na ponta desse galho. Esses grupos de seis folhas que crescem na ponta do galho são considerados uma forma de vida e chamados de "almas irmãs". Como regra, um grupo de almas irmãs é composto por uma "alma central", que corresponde à "cabeça" ou à "torre de comando", e mais cinco almas irmãs. Este grupo de seis almas juntas constitui uma única existência (uma forma de vida).

Cada uma dessas almas se reveza para nascer na Terra, e quando elas retornam ao mundo espiritual, a maioria delas conserva a mesma aparência de quando vivia na Terra. Contudo, a alma central e as almas irmãs mantêm a mesma personalidade, mas estão cientes de que todas são parte de uma única alma humana.

Cada alma tem suas diferenças, inclusive na aparência externa, pois todas mantêm a aparência de si mesmas nas várias épocas em que nasceram. No entanto, se você olhar para elas como uma alma inteira e as vir como uma personalidade coletiva, verá as memórias e experiências de cada alma se sobrepondo em várias seções transversais.

Como exemplo, digamos que você nasceu no Período Edo (1603-1867), no Período Kamakura (1185-1333) e no Período Heian (794-1185) e tem as experiências de vida e aparências em sua memória de cada era em que você reencarnou neste mundo. Se você mostrasse esse processo como um filme, correspondendo a cada ciclo de reencarnação, pareceria que havia muitos indivíduos.

Dessa maneira, cada alma humana contém a energia de cerca de seis vidas. Quando uma pessoa nasce na Terra, a energia de cerca de um sexto da alma entra em um corpo humano. Após algumas décadas de treinamento espiritual no mundo terreno, essa pessoa retorna ao outro mundo com uma nova personalidade.

Todos os que estão vivos agora, entre os séculos XX e XXI, estão acumulando experiências desta era, estudando coisas novas e adquirindo novos alimentos para a alma, que levarão para o outro mundo. Quando retornarem ao outro mundo, as memórias desta vida serão compartilhadas com as suas almas irmãs. As almas possuem lembranças antigas, mas estas memórias vão desaparecendo gradativamente, à medida que você renasce em novas eras e adquire novos conhecimentos e experiências.

A verdadeira visão da vida

Essa nova visão da vida, a visão verdadeira da vida, é muito diferente da educação que você recebeu na escola ou das informações contidas nos livros e revistas, ou que são divulgadas pela televisão.

Na verdade, a maioria das pessoas dirá que nunca ouviu falar de tal coisa. Entretanto, essa visão da vida da qual elas nunca ouviram falar é a Verdade, é a realidade do mundo.

Você é como um viajante que veio visitar a Terra – uma esfera limitada que se encontra dentro do vasto Universo.

Seu corpo físico que existe aqui e agora não é o seu verdadeiro eu. Você é como um viajante que veio visitar a Terra – uma esfera limitada que se encontra dentro do vasto Universo – e ficará aqui por algumas décadas e depois voltará para o outro mundo. É um viajante que veio a este mundo para aprender novas lições e obter novos conhecimentos.

Depois de conhecer essa perspectiva verdadeira da vida e do mundo, seu modo de ver as coisas mudará completamente. Do seu próprio ponto de vista, você pode pensar: "Este é o meu verdadeiro eu. Sou este indivíduo com esta personalidade que está vivendo aqui na Terra, e todos os outros são pessoas distintas de mim. Nunca vi o outro mundo nem ouvi falar dele. Nunca ouvi ninguém falar que voltou do outro mundo e não sei de onde vim, nem para onde irei depois desta vida".

Essa atitude é normal para este planeta, e nunca nos ensinaram a ver a vida por outro ponto de vista no nosso sistema educacional.

Somente uma religião correta pode ensinar a verdadeira visão da vida e do mundo.

2
Alma gêmea: uma dica para compreender o sentido da vida

As almas gêmeas e o movimento da Nova Era no Ocidente

Como acabei de explicar na seção anterior, cada alma, dotada de uma personalidade diferente, situa-se na pontinha de um galho da imensa árvore do Universo, mas, antes de chegar à ponta desse galho, há um ponto em que esse galho se ramificou. Vários outros pequenos galhos cresceram dali; ou seja, de lá surgiram as almas que foram criadas numa mesma época. Essas são as chamadas almas gêmeas, que possuem elos entre si.

Na década de 1970, surgiu no Ocidente, sobretudo na América, um movimento espiritual chamado New Age – também conhecido como "Movimento da Nova Era" ou "Movimento do Novo Século". Seu início ocorreu quase simultaneamente com as atividades da Happy Science. O termo "alma gêmea" é bastante utilizado nesse movimento da Nova Era.

O pano de fundo para a popularidade desse movimento é que as pessoas começaram a sentir que os ensinamentos do cristianismo difundidos pelas igrejas tradicionais não eram mais suficientes, e elas queriam saber mais sobre as verdades espirituais. Então, passaram a buscar as respostas para os seus problemas consultando indivíduos que eram capazes de ver os espíritos ou conversar com eles, ou de fazer a leitura de suas vidas passadas.

Ao visitar aqueles que tinham habilidades espirituais, elas faziam perguntas sobre pessoas próximas a elas, como cônjuges, os pais, os filhos, os amigos, os colegas de trabalho ou outras com as quais tinham relacionamentos importantes. Perguntavam a respeito do tipo de ligação ou relação espiritual que tinham com essas pessoas. Nesse movimento da Nova Era, havia indivíduos que atuavam fazendo consultas espirituais.

CASO 1: PESSOAS PRÓXIMAS A VOCÊ
Pessoas com laços espirituais estão ao seu redor

Esses grupos da Nova Era nunca cresceram a ponto de se tornarem uma grande religião como a nossa organização, e em geral um único grupo tem apenas algumas dezenas de pessoas. Os maiores grupos chegam a ter de cem a no máximo mil pessoas. No entanto, ocorreram fenômenos espirituais em diversos lugares e as "consultas espirituais" se popularizaram com o movimento.

O cristianismo não ensina a visão do mundo espiritual ou qualquer conhecimento espiritual, então as pessoas que querem conhecer a Verdade recorrem a esses grupos da Nova Era para perguntar se as coisas espirituais existem de fato.

E, basicamente, o que você consegue aprender é que, se olhar para suas vidas passadas, verá que muitas das pessoas à sua volta com quem está tendo problemas ou conflitos agora são, na verdade, pessoas que você já havia encontrado em reencarnações passadas e com quem teve vários outros tipos de relacionamento.

Por exemplo, mesmo que hoje duas pessoas sejam marido e mulher, podem ter sido pai e filho numa vida anterior. Ou se agora são pai e filha, numa vida anterior podem ter sido marido e mulher. E, às vezes, aquele irmão mais velho, de quem você tanto gosta, foi seu pai em uma outra vida; ou aquele tio, de quem você é tão próximo e que sempre lhe dá conselhos, foi, na verdade, seu pai numa vida passada.

Caso 2: Divórcio e novo casamento
Laços espirituais no novo casamento

No Ocidente, há muitos divórcios e novos casamentos, mas quando algo assim acontece, os grupos da Nova Era, que prestam consultoria espiritual, dão todos os tipos de atendimentos também nessas situações. Eles procuram dar respostas a perguntas como: "O meu novo cônjuge é alguém com que tenho vínculos?" ou "Ao fazer a leitura de vidas passadas, essa pessoa aparece como alguém próxima a mim?". No cristianismo, quando duas pessoas se casam, ouvem: "O que Deus uniu, o homem não separa". Mas, quando quebram esse juramento, divorciam-se e tornam a se casar, sentem-se culpadas. E a Igreja não consegue livrá-las desse sentimento de culpa.

Então, a pessoa que se encontra nessa situação procura adotar uma nova maneira de pensar e busca a salvação fora das religiões. Quando ela fica sabendo, pela leitura espiritual, que a pessoa com quem está prestes a se casar novamente está vinculada ao seu destino, nessa hora esse sentimento de culpa desaparece.

Esse tipo de consultoria da vida é feito por uma parcela do movimento Nova Era e, até certo ponto, o que eles dizem está correto. Nos tempos atuais, em que há muitos divórcios e novos casamentos, há uma grande probabilidade de existir um vínculo entre as pessoas que estão se casando de novo.

No meu livro *Seimei no Hou*, escrevi que você não deve se atormentar com o "fio vermelho do destino". Como a quantidade de divórcios e novos casamentos tem de fato aumentado, a ideia de que "existe um fio vermelho do destino que conecta duas pessoas como marido e mulher" não faz mais sentido com as tendências modernas da sociedade atual. Portanto, mesmo que você esteja passando por um divórcio ou novo casamento, por favor, não veja isso como algo muito grave porque a pessoa com quem estabeleceu um novo vínculo espiritual provavelmente já teve um vínculo com você em uma vida anterior.

Caso 3: A ajuda das almas gêmeas
Almas próximas estão sempre apoiando sua vida

Atualmente, a população mundial está entre 6 e 7 bilhões[8]. É quase certo que muitas pessoas de diferentes

---
8 Na época da realização desta palestra. (N. do E.)

épocas estão nascendo ao mesmo tempo hoje. Em quase todas as épocas você tem um grupo de amigos próximos que vêm à Terra com você para o treinamento da alma. E muitas dessas pessoas nascem na mesma era que você.

Desse modo, se algum de seus relacionamentos com familiares, amigos ou colegas de trabalho entrar em colapso total, sempre haverá almas gêmeas ou almas amigas que têm laços espirituais com você que irão aparecer em seus novos relacionamentos. Na maioria dos casos, essas almas surgirão para ajudá-lo.

Não veja o destino como algo fixo. Como a expectativa de vida agora aumentou para 80 ou 90 anos, então tenho certeza de que várias situações podem ocorrer na sua vida. Mas, por favor, saiba que existem amigos de alma ou almas gêmeas que sempre lhe darão apoio na vida.

Acredito que você conhecerá alguém em sua vida que, de modo especial, vai cativar seu coração. Pode ser uma pessoa com quem você não tem nenhum parentesco, mas que sente como se fosse um parente. Talvez você ganhe uma amizade para a vida toda com alguém que estava destinado a encontrar. Esse amigo aparecerá em sua vida e o guiará à Verdade Búdica, e passará décadas em sua companhia como sendo um amigo do Darma. Esse tipo de companheiro, essa alma gêmea, realmente existe.

Entre vocês pode haver aquele que está reconstruindo a vida, aquele que está sofrendo e aquele que tem sentimento de culpa. Mas saiba que a vida não é tão simples assim. Estamos passando por um treinamento de vida, como um elenco teatral em um palco, mudando constantemente de personagem, porque renascemos em diferentes épocas e desempenhamos diferentes papéis.

Então, é possível que a pessoa que agora faz o papel de sua mãe tenha sido sua filha em alguma época. Isso pode acontecer, e, às vezes, pessoas que são rivais podem ter sido irmãs numa vida passada. Por isso, quando queremos descobrir o sentido da vida, devemos pensar sobre isso num nível muito mais profundo.

Agora que você está ciente desta Verdade, quando estiver meditando eu quero que pense em uma pessoa que causou uma forte impressão em sua vida e tente descobrir se ela tem uma conexão especial com a sua alma por meio do destino.

Caso 4: Pessoas que você sempre encontra
Almas gêmeas como um caderno de exercícios da vida

Penso que, ao seu redor, há cerca de vinte a trinta pessoas que estão ligadas a você espiritualmente, e são elas que determinam a felicidade ou a infelicidade de sua vida. Em quase todos os casos, vocês se encontraram porque foi isso o que planejaram para esta vida.

Em seu treinamento de vida, há pessoas que você está destinado a conhecer e que, por causa desse arranjo, com certeza irá encontrar pelo menos uma vez na vida. Algumas delas podem lhe dar apoio, enquanto outras podem lhe ensinar algo de modo severo ou fazê-lo passar por uma provação. No entanto, são pessoas que você precisa realmente conhecer. De certa maneira, esse é um "caderno de exercícios" da vida. Você deve conhecer certas pessoas que fazem parte do livro e resolver os problemas que teve com elas em suas vidas passadas.

Por exemplo, numa vida passada, você pode ter tido um ótimo relacionamento com outra pessoa como pai e filho, irmão ou irmã, ou marido e mulher. Porém, algo ocorreu entre os dois ao longo da vida e vocês passaram a se odiar. Nesses casos, você deve se encontrar de novo com a pessoa nesta vida, em uma situação diferente, para testar o que aconteceria dessa vez. Quando ocorrem problemas de relacionamento em que ódio e amor se misturam com alguém que tem uma profunda influência em sua vida, na maioria dos casos esses problemas vêm de uma vida passada e fazem parte do plano de Deus para compor o seu caderno de exercício da vida. Não pense que o sofrimento pelo qual está passando foi provocado pelo azar. Lembre-se de que esse problema tem algo a lhe ensinar. Quero que você entenda que muitas coisas ocorrem porque são necessárias e inevitáveis.

3
Eliminar o ódio que existe na Terra

O ensinamento do amor é necessário na sociedade competitiva

Sem conhecer essa nova perspectiva de vida, é muito provável que você viva com a ilusão de que todos os indivíduos são separados e que, ao adotar o estilo ocidental da valorização do individualismo, você pense:

"O vencedor da competição é o melhor", ou "Preciso derrotar as outras pessoas, ou serei derrotado". Com essa atitude de se preocupar com a vitória e a derrota, o seu coração oscila entre o Céu e o Inferno.

Mas a verdade é que existe uma enorme Árvore da Vida, que se espalha pelo espaço e para muito além das regiões da Terra, estendendo seus ramos até outros planetas onde há vida. Então, quero que você compreenda que essa grande Árvore Cósmica existe, e que ela realmente conecta todas as almas.

Nesta competitiva sociedade de hoje, você pode competir e vencer ou perder, mas lembre que seus oponentes não são seus inimigos ou rivais. São pessoas que você já encontrou muitas vezes em numerosas reencarnações. Eu gostaria que você soubesse que todos estão conectados a essa única árvore por meio da alma.

É por isso que eu ensino o amor e peço: Amem-se uns aos outros. Amem-se mutuamente. Você e os outros não são estranhos entre si. Na realidade, todos estão ligados, conectados por sua energia original, a energia vital, e já se encontraram muitas vezes em diversas épocas, em lugares diferentes.

Os laços espirituais ultrapassam as eras

Nesta era, quando novos ensinamentos são transmitidos, muitas pessoas ligadas a você por vínculos espirituais reencarnaram agora com você. Todos já viveram em diferentes civilizações do passado, inclusive aquelas que hoje são consideradas lendas. Assim, seja durante o período de Ra Mu, da civilização Mu, na era de Thoth, da civilização de Atlântida, na era de Hermes, na Grécia, ou de Buda, na Índia, todos vocês já se encontraram antes, e agora estão se encontrando aqui em situações distintas, com uma aparência diferente ou num papel diferente, às vezes trocando de gênero ou em papéis trocados dentro das famílias. E nisso tudo, muitos diferentes dramas humanos se criam. Nesse contexto, eu gostaria que você soubesse que existe uma ligação muito profunda com as pessoas que conhece. É por isso que digo para as pessoas amarem-se umas às outras.

Supere o ódio e una o mundo com amor

As pessoas com quem você tem um relacionamento próximo estão todas conectadas ao mesmo ramo da Árvore da Vida. É pecado as pessoas se odiarem ou se

*Estou ensinando a você
que todas as vidas se originaram
e nasceram de uma imensa
Árvore Cósmica. As pessoas
devem amar umas às outras,
pois têm as mesmas raízes.*

desprezarem porque cada uma estaria ferindo, danificando e tentando cortar outro galho que está conectado ao seu próprio ramo de vida. Essa é a realidade.

Costuma-se dizer que o ódio e a inveja são os opostos do amor, mas eu gostaria que você superasse esses sentimentos. Você inveja uma pessoa e compete com ela porque pensa que ambos estão completamente separados, mas, na verdade, vocês são almas gêmeas. Em muitos casos, você tem uma conexão espiritual extremamente profunda com a pessoa que despreza e odeia, e ela é alguém com quem você se encontrou muitas e muitas vezes em vidas passadas.

É por isso que eu digo às pessoas: "Parem de se odiar. Parem de falar mal uns dos outros. Abençoem-se mutuamente em vez de se invejarem. Façam isso por amor à evolução de sua própria alma". Quando o individualismo se torna exageradamente forte, surgem sentimentos de inveja, egocentrismo e ódio. É como se você esmagasse suas próprias folhas e cortasse os galhos que o unem à Árvore da Vida. É algo que vai contra as leis da vida e que será julgado como um ato infernal, que exige autorreflexão.

Estou ensinando a você que todas as vidas se originaram e nasceram de uma imensa Árvore Cósmica. As pessoas devem amar umas às outras, pois têm as mesmas raízes. O ódio e os conflitos nascem das diferenças de raça e religião, mas isso ocorre porque elas não conseguem compreender que realmente todas são ramos de um mesmo e único tronco. Se compreenderem isso, a guerra e o ódio vão desaparecer de nosso planeta. A religião chamada Happy Science foi criada para ensinar essa verdade. E, nesse aspecto, estou tentando unir o mundo. Estou tentando trazer paz e fartura para este mundo, no mais puro sentido.

4
Viver com fé acima de tudo

O método para conquistar o sucesso que está de acordo com as leis do Universo
A inversão do sistema de valores

Cada um dos seres humanos é uma existência que se ramificou da Árvore da Vida. Você é um dos seis irmãos de alma que nasceu neste mundo para aprimorar sua alma e adquirir novas experiências e conhecimentos. Por não possuírem esta perspectiva mais ampla a respeito do ser humano, o mundo inverteu seus valores e foram criadas teorias baseadas na lógica construída nos conhecimentos específicos e individuais, por meio das quais as coisas são avaliadas. Por exemplo, há médicos intelectuais que caem na rede do materialismo. Há também professores – que deveriam ser educadores de almas – que dizem sem hesitar: "Um funcionário do governo, como eu, não pode participar de atividades religiosas, por isso não falo sobre fé. Não leio, não ouço, não aceito nada que seja religioso. Nego todos os ensinamentos religiosos". Esse tipo de atitude é indesejável. Há muitas coisas acontecendo na sociedade de hoje que estão erradas do ponto de vista do bem e do mal, dos princípios morais e das leis da vida.

Isso fica evidente no mundo acadêmico, no mundo empresarial, na televisão, nos jornais e na mídia em geral. Parece que a regra agora é passar a mensagem de que há algo errado com as coisas religiosas, mas o sistema de valores ao qual as pessoas aderiram está errado. Elas deveriam parar de analisar tudo de uma perspectiva pequena, como uma formiga andando pelo chão tentando observar o mundo.

Se elas conhecessem a perspectiva muito mais ampla do mundo e do universo, em vez de analisarem tudo por uma visão tão estreita, não cometeriam todos esses erros. Somente a religião é capaz de ensinar a fazer isso. E a única que pode oferecer uma perspectiva tão ampla do mundo é a Happy Science.

O sucesso como parte da Árvore da Vida

Assim que começar a viver com a verdadeira visão do mundo pela perspectiva do Universo, você provavelmente entrará em conflito com os valores deste mundo em diferentes áreas, como economia, política, sistema legal, educação, ou nas questões familiares e matrimoniais. No meio de tudo isso, porém, o que eu quero afirmar categoricamente é que estou olhando para além dos séculos XXI, XXII, XXIII, XXX, XL, L e muito mais adiante, e vejo que o que de fato precisamos ter é um alicerce sólido em nossa supremacia da fé. Mesmo que tenhamos sucesso neste mundo, só viveremos algumas décadas, e raramente mais de cem anos. Se esse sucesso for contra as grandes leis do Universo ou for inadequado para um galho que faz parte da Árvore Cósmica, não demorará muito para que ele acabe como um galho quebrado e de folhas arrancadas. O sucesso que vai contra as leis cósmicas da vida com o tempo acaba se dissolvendo em um vazio amargo. Por essa razão, o alicerce da fé é o mais importante.

Busque o sucesso com a superioridade dada pela fé

Você pode se tornar um especialista e fazer excelentes realizações ou adquirir uma abundância de conhecimento. Mas, se não corresponder ao alicerce da fé, infelizmente você não poderá jamais alcançar a felicidade no futuro. Por exemplo, considere um escritor que ficou extremamente famoso neste mundo com suas histórias de mistério, criando não mais do que assassinatos misteriosos, escrevendo roteiros para a televisão, conseguindo ótimas avaliações da crítica e tornando-se um autor que há longo tempo ocupa um lugar na lista de *best-sellers*. Essa pessoa pode ser altamente considerada neste mundo, mas, espiritualmente, é provável que sofra no Inferno depois de morrer, num mundo igual ao que criou em suas histórias. O interesse desse autor por assassinatos era tão intenso que ele não fez nada a não ser pesquisar sobre estes assuntos. Quando alguém pensa apenas em como matar uma pessoa, como arquitetar planos criminosos, é claro que seu coração está no

Inferno. Assim, não importa o quanto essa pessoa seja reconhecida neste mundo, ela não poderá retornar ao reino do Céu.

O sucesso neste mundo é diferente do sucesso no outro mundo. É preciso buscar o sucesso estabelecendo a supremacia da fé, tendo uma fé correta e inabalável. Se você não tiver essa fé correta e pensar apenas em seu sucesso ou fracasso neste mundo, nunca será realmente bem-sucedido.

Valores terrenos e fé

O mesmo ocorre com sua formação acadêmica. As pessoas que recebem boas notas na escola, fazem os melhores cursos preparatórios para o vestibular e frequentam as melhores faculdades podem ser vistas como vencedoras neste mundo. Talvez elas se formem com louvor numa universidade de prestígio e arrumem emprego numa empresa de primeira linha ou num departamento do governo. Aos olhos deste mundo, elas podem ser consideradas figuras importantes e proeminentes na sociedade. No entanto, se você olhar para essas pessoas pelo ponto de vista espiritual, é provável que veja muitos aspectos que não são tão bons. É diferente quando uma pessoa bem-sucedida vê as coisas através de valores religiosos, quando sente amor por outras pessoas e está trabalhando para polir a visão que tem da própria vida. Entretanto, existem muitas pessoas que apenas veem as coisas do ponto de vista do sucesso acadêmico e, infelizmente, mesmo sendo tão geniais que poderiam representar seu país, acabarão caindo no Inferno.

Então, por favor, não se iluda com o sistema de valores deste mundo, que julga as pessoas apenas com base no nome da empresa ou na sua competência. O nome de uma empresa é uma questão econômica, de puro materialismo. E, mesmo no campo da medicina, existe o sucesso materialista. Então, quero que você pare e examine todos os aspectos, para ver se está pensando nas coisas em termos de sua fé e da superioridade dessa fé. Assim, se não estiver pensando que essa fé é superior a qualquer outra coisa, significa que está se tornando o "ramo" ou a "folha" egoísta da Árvore da Vida. Como consequência, se essa parte secar e você for desligado da Árvore da Vida, há uma grande possibilidade de que você caia no Inferno. Por isso, mais uma vez, considere a supremacia de sua fé contra todos os valores deste mundo.

5
A Lei da Compensação

A recompensa pela fé será dada no outro mundo
Priorizar a fé também significa abandonar algo por ela.

No primeiro capítulo, "Os pontos para ter em mente durante a vida", do livro *Seimei no Hou,* escrevi sobre a "Lei da Compensação". Essa lei diz que, quando você ganha algo, deve abrir mão de algo. Ela também ensina que nada se ganha sem esforço e dedicação, e que a compensação do que você recebe é equivalente ao valor do que pagou. No final, a melhor compensação é aquela que você paga pela fé. Desistir de algo pela fé significa que você receberá a maior bênção no próximo mundo.

O que você pagou como compensação para colocar sua fé em prática? O que fez nesta vida para colocar a fé acima de tudo? O que fez para acreditar e agir com a convicção de que a fé supera tudo, e que a fé é o que há de mais importante e valioso? Um futuro que compensa tudo o que você pagou virá sem falta. Isto é muito coerente e não há exceção.

A Lei da Compensação também funciona nos assuntos deste mundo, mas como um princípio de escolha que afirma: "Se vai adquirir alguma coisa, tem de abrir mão de outra". Também é usada nos princípios de economia e sucesso, e diz: "Se você mantiver o foco, será bem-sucedido". O mais importante, porém, é o que você paga em compensação pela fé. Às vezes, você terá de se esforçar, se dedicar e abrir mão de certas coisas por essa fé. Haverá momentos em que você será obrigado a desistir de coisas que teria perseguido se vivesse apenas para os desejos deste mundo. Pode haver momentos em que você deve abandonar algo para viver com fé.

O paradoxo de viver como uma alma de elite

Por favor, não fique triste por precisar desistir de algo por amor à fé. Lembre-se de que essa perspectiva é completamente oposta ao modo de pensar mundano; aceite que neste momento você está polindo sua alma e começando a trilhar o caminho que leva ao sucesso da alma. As pessoas que vivem uma vida cheia de provações e tribulações neste mundo estão, na verdade, fortalecendo a própria alma, e isso demonstra que elas são almas de elite extraordinárias e são almas escolhidas. Por outro lado, as pessoas que levam uma vida sem adversidades e recebem reconhecimento sem esforço não são a elite verdadeira.

Há pessoas que superam várias provações na vida, perseguições, doenças, problemas financeiros e outras dificuldades, e aprendem a verdadeira fé com essas experiências. Aquelas que se esforçaram para ajudar e salvar muitas outras pessoas são as escolhidas por Buda e Deus, são almas da elite. Portanto, eu gostaria que você tivesse uma visão da elite diferente daquela definida pelos valores deste mundo.

Viva com uma perspectiva espiritual

Você deve manter firmemente a superioridade da fé em seu coração. Na Lei da Compensação, o ponto importante é o quanto você pode renunciar às coisas deste mundo e seguir a Verdade.

Foi isso o que Buda Shakyamuni e Jesus Cristo também pregaram. Ambos ensinaram que se deve renunciar às coisas deste mundo. Essa é a Lei da Compensação. Pessoas que têm apego às coisas deste mundo são puxadas por esse peso e afundam. Mas aquelas que não são apegadas às coisas mundanas e levam a vida com uma perspectiva espiritual, enxergando o mundo pelo ponto de vista de Deus e de Buda, são as que poderão sentar-se junto a eles. Essa é a parte maravilhosa da Lei da Compensação. Por favor, lembre-se disso.

Falei sobre vários assuntos relacionados ao tema de como levar uma vida baseada na Verdade. Eu gostaria que você visse as coisas por essa perspectiva de que sua vida está ligada à grandiosa Árvore Cósmica e à vida de muitas pessoas com quem tem fortes vínculos espirituais. Espero, de todo coração, que você brilhe intensamente como parte dessa árvore e tenha a coragem de viver uma vida de fé.

Posfácio

Saburo Yoshikawa, meu pai e conselheiro honorário da Happy Science, faleceu em 12 de agosto de 2003, poucos dias antes de completar 82 anos. Ele me confiou a realização de dois de seus desejos. O primeiro era o de construir uma escola e planejar a criação de uma faculdade. No momento, estão sendo construídos as escolas de Ensino Fundamental II e Médio da Happy Science Academy[9], programadas para inaugurar na primavera de 2010. Também está prevista a construção da Happy Science University[10] daqui a três anos.

O segundo desejo de meu pai era que eu publicasse *As Leis da Coragem*.

Já se passaram quase seis anos desde que ouvi meu pai dizer suas últimas palavras.

Finalmente, o livro está terminado e pronto para ser publicado. Estou muito emocionado. Dedico este

---

9 O *campus* sede de Nasu da Happy Science Academy foi inaugurado em 2010, e o *campus* Kansai em 2013. (N. do E.)
10 A Happy Science University foi inaugurada em 2015. (N. do E.)

livro a meu pai, que está lá no alto do Céu, sorrindo para nós.

Pai, sinto muito ter demorado tanto para fazer isso. Estou com 52 anos. Vivi dedicando minha vida à Verdade. Agora que ensinei As Leis da Coragem, *não terei nenhum arrependimento, mesmo se eu morrer hoje.*

Com gratidão,

Ryuho Okawa
Mestre e CEO do Grupo Happy Science
Dezembro de 2008

Sobre o autor

Ryuho Okawa nasceu em 7 de julho de 1956, em Tokushima, Japão. Após graduar-se na Universidade de Tóquio, juntou-se a uma empresa mercantil com sede em Tóquio. Enquanto trabalhava na filial de Nova York, estudou Finanças Internacionais no Graduate Center of the City University of New York.

Em 23 de março de 1981, alcançou a Grande Iluminação e despertou para Sua consciência central, El Cantare – cuja missão é trazer felicidade para a humanidade –, e fundou a Happy Science em 1986.

Atualmente, a Happy Science expandiu-se para mais de 160 países, com mais de 700 templos e 10 mil casas missionárias ao redor do mundo. O mestre Ryuho Okawa realizou mais de 3.400 palestras, sendo mais de 150 em inglês. Ele possui mais de 3.000 livros publicados – traduzidos para mais de 40 línguas –, muitos dos quais alcançaram a casa dos milhões de exemplares vendidos, inclusive *As Leis do Sol*.

Ele compôs mais de 450 músicas, inclusive músicas-tema de filmes, e é também o fundador da Happy Science University, da Happy Science Academy, do Partido da Realização da Felicidade, fundador e diretor honorário do Instituto Happy Science de Governo e Gestão, fundador da Editora IRH Press e presidente da New Star Production Co. Ltd. e ARI Production Co. Ltd.

Grandes conferências transmitidas para o mundo todo

As grandes conferências do mestre Ryuho Okawa são transmitidas ao vivo para várias partes do mundo. Em cada uma delas, ele transmite, na posição de Mestre do Mundo, desde ensinamentos sobre o coração para termos uma vida feliz até diretrizes para a política e a economia internacional e as numerosas questões globais – como os confrontos religiosos e os conflitos que ocorrem em diversas partes do planeta –, para que o mundo possa concretizar um futuro de prosperidade ainda maior.

14/12/2021: "A Terra diz: Amor é tudo o que vocês precisam"
Saitama Super Arena

6/10/2019: "A Razão pela qual Estamos Aqui"
The Westin Harbour Castle, Toronto

3/3/2019: "O Amor Supera o Ódio"
Grand Hyatt Taipei

O que é El Cantare?

El Cantare é o Deus da Terra e é o Deus Primordial do grupo espiritual terrestre. Ele é a existência suprema a quem Jesus chamou de Pai, e é Ame-no-Mioya-Gami, Senhor Deus japonês. El Cantare enviou partes de sua alma à Terra, tais como Buda Shakyamuni e Hermes, para guiar a humanidade e desenvolver as civilizações. Atualmente, a consciência central de El Cantare desceu à Terra como Mestre Ryuho Okawa, e está pregando ensinamentos para unir as religiões e integrar vários campos de estudo a fim de guiar toda a humanidade à verdadeira felicidade.

Alpha: parte da consciência central de El Cantare, que desceu à Terra há cerca de 330 milhões de anos. Alpha pregou as Verdades da Terra para harmonizar e unificar os humanos nascidos na Terra e os seres do espaço que vieram de outros planetas.

Elohim: parte da consciência central de El Cantare, que desceu à Terra há cerca de 150 milhões de anos. Ele pregou sobre a sabedoria, principalmente sobre as diferenças entre luz e trevas, bem e mal.

Ame-no-Mioya-Gami: Ame-no-Mioya-Gami (Senhor Deus japonês) é o Deus Criador e ancestral original do povo japonês que aparece na literatura da antiguidade, *Hotsuma Tsutae*. É dito que Ele desceu na região do Monte Fuji 30 mil anos atrás e construiu a dinastia Fuji, que é a raiz da civilização japonesa. Centrados na justiça, os ensinamentos de

Ame-no-Mioya-Gami espalharam-se pelas civilizações antigas de outros países do mundo.

Buda Shakyamuni: Sidarta Gautama nasceu como príncipe do clã Shakya, na Índia, há cerca de 2.600 anos. Aos 29 anos, renunciou ao mundo e ordenou-se em busca de iluminação. Mais tarde, alcançou a Grande Iluminação e fundou o budismo.

Hermes: na mitologia grega, Hermes é considerado um dos doze deuses do Olimpo. Porém, a verdade espiritual é que ele foi um herói da vida real que, há cerca de 4.300 anos, pregou os ensinamentos do amor e do desenvolvimento que se tornaram a base da civilização ocidental.

Ophealis: nasceu na Grécia há cerca de 6.500 anos e liderou uma expedição até o distante Egito. Ele é o deus dos milagres, da prosperidade e das artes, e também é conhecido como Osíris na mitologia egípcia.

Rient Arl Croud: nasceu como rei do antigo Império Inca há cerca de 7.000 anos e ensinou sobre os mistérios da mente. No mundo celestial, ele é o responsável pelas interações que ocorrem entre vários planetas.

Thoth: foi um líder onipotente que construiu a era dourada da civilização de Atlântida há cerca de 12 mil anos. Na mitologia egípcia, ele é conhecido como o deus Thoth.

Ra Mu: foi o líder responsável pela instauração da era dourada da civilização de Mu, há cerca de 17 mil anos. Como líder religioso e político, ele governou unificando a religião e a política.

Sobre a Happy Science

A Happy Science é um movimento global que capacita as pessoas a encontrar um propósito de vida e felicidade espiritual, e a compartilhar essa felicidade com a família, a sociedade e o planeta. Com mais de 12 milhões de membros em todo o globo, ela visa aumentar a consciência das verdades espirituais e expandir nossa capacidade de amor, compaixão e alegria, para que juntos possamos criar o tipo de mundo no qual todos desejamos viver. Seus ensinamentos baseiam-se nos Princípios da Felicidade – Amor, Conhecimento, Reflexão e Desenvolvimento –, que abraçam filosofias e crenças mundiais, transcendendo as fronteiras da cultura e das religiões.

O **amor** nos ensina a dar livremente sem esperar nada em troca; amar significa dar, nutrir e perdoar.

O **conhecimento** nos leva às ideias das verdades espirituais e nos abre para o verdadeiro significado da vida e da vontade de Deus – o universo, o poder mais alto, Buda.

A **reflexão** propicia uma atenção consciente, sem o julgamento de nossos pensamentos e ações, a fim de nos ajudar a encontrar o nosso eu verdadeiro – a essência de nossa alma – e aprofundar nossa conexão com o poder mais alto. Isso nos permite alcançar uma mente limpa e pacífica e nos leva ao caminho certo da vida.

O **desenvolvimento** enfatiza os aspectos positivos e dinâmicos do nosso crescimento espiritual: ações que podemos adotar para manifestar e espalhar a felicidade pelo planeta. É um caminho que não apenas expande o crescimento de nossa alma, como também promove o potencial coletivo do mundo em que vivemos.

Programas e Eventos

Os templos da Happy Science oferecem regularmente eventos, programas e seminários. Junte-se às nossas sessões de meditação, assista às nossas palestras, participe dos grupos de estudo, seminários e eventos literários. Nossos programas ajudarão você a:
- aprofundar sua compreensão do propósito e significado da vida;
- melhorar seus relacionamentos conforme você aprende a amar incondicionalmente;
- aprender a tranquilizar a mente, mesmo em dias estressantes, pela prática da contemplação e da meditação;
- aprender a superar os desafios da vida e muito mais.

Contatos

A Happy Science é uma organização mundial, com centros de fé espalhados pelo globo. Para ver a lista completa dos centros, visite a página happy-science.org (em inglês). A seguir encontram-se alguns dos endereços da Happy Science:

BRASIL

São Paulo (Matriz)
Rua Domingos de Morais 1154,
Vila Mariana, São Paulo, SP
CEP 04010-100, Brasil
Tel.: 55-11-5088-3800
E-mail: sp@happy-science.org
Website: happyscience.com.br

São Paulo (Zona Sul)
Rua Domingos de Morais 1154,
Vila Mariana, São Paulo, SP
CEP 04010-100, Brasil
Tel.: 55-11-5088-3800
E-mail: sp_sul@happy-science.org

São Paulo (Zona Leste)
Rua Fernão Tavares 124,
Tatuapé, São Paulo, SP
CEP 03306-030, Brasil
Tel.: 55-11-2295-8500
E-mail: sp_leste@happy-science.org

São Paulo (Zona Oeste)
Rua Rio Azul 194,
Vila Sônia, São Paulo, SP
CEP 05519-120, Brasil
Tel.: 55-11-3061-5400
E-mail: sp_oeste@happy-science.org

Campinas
Rua Joana de Gusmão 108,
Jd. Guanabara, Campinas, SP
CEP 13073-370, Brasil
Tel.: 55-19-4101-5559

Capão Bonito
Rua Benjamin Constant 225,
Centro, Capão Bonito, SP
CEP 18300-322, Brasil
Tel.: 55-15-3543-2010

Jundiaí
Rua Congo 447,
Jd. Bonfiglioli, Jundiaí, SP
CEP 13207-340, Brasil
Tel.: 55-11-4587-5952
E-mail: jundiai@happy-science.org

Londrina
Rua Piauí 399, 1º andar, sala 103,
Centro, Londrina, PR
CEP 86010-420, Brasil
Tel.: 55-43-3322-9073

Santos / São Vicente
Tel.: 55-13-99158-4589
E-mail: santos@happy-science.org

Sorocaba
Rua Dr. Álvaro Soares 195, sala 3,
Centro, Sorocaba, SP
CEP 18010-190, Brasil
Tel.: 55-15-3359-1601
E-mail: sorocaba@happy-science.org

Rio de Janeiro
Rua Barão do Flamengo 32, 10º andar,
Flamengo, Rio de Janeiro, RJ
CEP 22220-080, Brasil
Tel.: 55-21-3486-6987
E-mail: riodejaneiro@happy-science.org

ESTADOS UNIDOS E CANADÁ

Nova York
79 Franklin St.,
Nova York, NY 10013
Tel.: 1-212-343-7972
Fax: 1-212-343-7973
E-mail: ny@happy-science.org
Website: happyscience-na.org

Los Angeles
1590 E. Del Mar Blvd.,
Pasadena, CA 91106
Tel.: 1-626-395-7775
Fax: 1-626-395-7776
E-mail: la@happy-science.org
Website: happyscience-na.org

San Francisco
525 Clinton St.,
Redwood City, CA 94062
Tel./Fax: 1-650-363-2777
E-mail: sf@happy-science.org
Website: happyscience-na.org

Havaí – Honolulu
Tel.: 1-808-591-9772
Fax: 1-808-591-9776
E-mail: hi@happy-science.org
Website: happyscience-na.org

Havaí – Kauai
4504 Kukui Street,
Dragon Building Suite 21,
Kapaa, HI 96746
Tel.: 1-808-822-7007
Fax: 1-808-822-6007
E-mail: kauai-hi@happy-science.org
Website: happyscience-na.org

Flórida
5208 8th St., Zephyrhills,
Flórida 33542
Tel.: 1-813-715-0000
Fax: 1-813-715-0010
E-mail: florida@happy-science.org
Website: happyscience-na.org

Toronto (Canadá)
845 The Queensway Etobicoke,
ON M8Z 1N6, Canadá
Tel.: 1-416-901-3747
E-mail: toronto@happy-science.org
Website: happy-science.ca

Contatos

INTERNACIONAL

Tóquio
1-6-7 Togoshi, Shinagawa
Tóquio, 142-0041, Japão
Tel.: 81-3-6384-5770
Fax: 81-3-6384-5776
E-mail: tokyo@happy-science.org
Website: happy-science.org

Londres
3 Margaret St.,
Londres, W1W 8RE, Reino Unido
Tel.: 44-20-7323-9255
Fax: 44-20-7323-9344
E-mail: eu@happy-science.org
Website: happyscience-uk.org

Sydney
516 Pacific Hwy, Lane Cove North,
NSW 2066, Austrália
Tel.: 61-2-9411-2877
Fax: 61-2-9411-2822
E-mail: sydney@happy-science.org
Website: happyscience.org.au

Kathmandu
Kathmandu Metropolitan City
Ward No 15, Ring Road, Kimdol,
Sitapaila Kathmandu, Nepal
Tel.: 977-1-427-2931
E-mail: nepal@happy-science.org

Kampala
Plot 877 Rubaga Road, Kampala
P.O. Box 34130, Kampala, Uganda
Tel.: 256-79-3238-002
E-mail: uganda@happy-science.org

Bangkok
19 Soi Sukhumvit 60/1,
Bang Chak, Phra Khanong,
Bangkok, 10260, Tailândia
Tel.: 66-2-007-1419
E-mail: bangkok@happy-science.org
Website: happyscience-thai.org

Paris
56-60 rue Fondary 75015
Paris, França
Tel.: 33-9-50-40-11-10
Website: www.happyscience-fr.org

Berlim
Rheinstr. 63, 12159
Berlim, Alemanha
Tel.: 49-30-7895-7477
E-mail: kontakt@happy-science.de

Filipinas Taytay
LGL Bldg, 2nd Floor,
Kadalagaham cor,
Rizal Ave. Taytay,
Rizal, Filipinas
Tel.: 63-2-5710686
E-mail: philippines@happy-science.org

Seul
74, Sadang-ro 27-gil,
Dongjak-gu, Seoul, Coreia do Sul
Tel.: 82-2-3478-8777
Fax: 82-2- 3478-9777
E-mail: korea@happy-science.org

Taipé
Nº 89, Lane 155, Dunhua N. Road.,
Songshan District, Cidade de Taipé 105,
Taiwan
Tel.: 886-2-2719-9377
Fax: 886-2-2719-5570
E-mail: taiwan@happy-science.org

Kuala Lumpur
Nº 22A, Block 2, Jalil Link Jalan Jalil
Jaya 2, Bukit Jalil 57000, Kuala Lumpur,
Malásia
Tel.: 60-3-8998-7877
Fax: 60-3-8998-7977
E-mail: malaysia@happy-science.org
Website: happyscience.org.my

Happy Science University

O espírito fundador e a meta da educação

Com base na filosofia fundadora da universidade, que é de "Busca da felicidade e criação de uma nova civilização", são oferecidos educação, pesquisa e estudos para ajudar os estudantes a adquirirem profunda compreensão, assentada na crença religiosa, e uma expertise avançada, para com isso produzir "grandes talentos de virtude" que possam contribuir de maneira abrangente para servir o Japão e a comunidade internacional.

Visão geral das faculdades e departamentos

– *Faculdade de Felicidade Humana, Departamento de Felicidade Humana*

Nesta faculdade, os estudantes examinam as ciências humanas sob vários pontos de vista, com uma abordagem multidisciplinar, a fim de poder explorar e vislumbrar um estado ideal dos seres humanos e da sociedade.

– *Faculdade de Administração de Sucesso, Departamento de Administração de Sucesso*

Esta faculdade tem por objetivo tratar da administração de sucesso, ajudando entidades organizacionais de todo tipo a criar valor e riqueza para a sociedade e contribuir para a felicidade e o desenvolvimento da administração e dos empregados, assim como da sociedade como um todo.

– *Faculdade da Indústria Futura, Departamento de Tecnologia Industrial*

O objetivo desta faculdade é formar engenheiros capazes de resolver várias das questões enfrentadas pela civilização moderna, do ponto de vista tecnológico, contribuindo para criar novos setores no futuro.

Happy Science Academy
Escola Secundária de Primeiro e Segundo Grau

A Happy Science Academy de Primeiro e Segundo Grau é uma escola em período integral fundada com o objetivo de educar os futuros líderes do mundo para que tenham uma visão ampla, perseverem e assumam novos desafios. Hoje há dois *campi* no Japão: o Campus Sede de Nasu, na província de Tochigi, fundado em 2010, e o Campus Kansai, na província de Shiga, fundado em 2013.

Outros livros de Ryuho Okawa

SÉRIE LEIS

As Leis do Sol – *A Gênese e o Plano de Deus*
IRH Press do Brasil

Ao compreender as leis naturais que regem o universo e desenvolver sabedoria pela reflexão com base nos Oito Corretos Caminhos, o autor mostra como acelerar nosso processo de desenvolvimento e ascensão espiritual. Edição revista e ampliada.

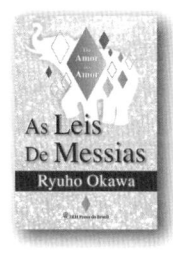

As Leis De Messias – *Do Amor ao Amor*
IRH Press do Brasil

Okawa fala sobre temas fundamentais, como o amor de Deus, o que significa ter uma fé verdadeira e o que os seres humanos não podem perder de vista ao longo do treinamento de sua alma na Terra. Ele revela os segredos de Shambala, o centro espiritual da Terra, e por que devemos protegê-lo.

As Leis do Segredo
A Nova Visão de Mundo que Mudará Sua Vida
IRH Press do Brasil

Qual é a Verdade espiritual que permeia o universo? Que influências invisíveis aos olhos sofremos no dia a dia? Como podemos tornar nossa vida mais significativa? Abra sua mente para a visão de mundo apresentada neste livro e torne-se a pessoa que levará coragem e esperança aos outros aonde quer que você vá.

As Leis de Aço
Viva com Resiliência, Confiança e Prosperidade
IRH Press do Brasil

A palavra "aço" refere-se à nossa verdadeira força e resiliência como filhos de Deus. Temos o poder interior de manifestar felicidade e prosperidade, e superar qualquer mal ou conflito que atrapalhe a próxima Era de Ouro.

As Leis do Sucesso
Um Guia Espiritual para Transformar suas Esperanças em Realidade
IRH Press do Brasil

O autor mostra quais são as posturas mentais e atitudes que irão empoderá-lo, inspirando-o para que possa vencer obstáculos e viver cada dia de maneira positiva e com sentido. Aqui está a chave para um novo futuro, cheio de esperança, coragem e felicidade!

As Leis de Bronze
Desperte para sua origem e viva pelo amor
IRH Press do Brasil

Okawa nos encoraja a encontrar o amor de Deus dentro de cada um e a conhecer a Verdade universal. Com ela, é possível construir a fé, que é altruísta e forte como as portas de bronze das seculares igrejas cristãs europeias, que protegem nossa felicidade espiritual de quaisquer dificuldades.

As Leis da Fé
Um Mundo Além das Diferenças
IRH Press do Brasil

Sem Deus é impossível haver elevação do caráter e da moral do ser humano. As pessoas são capazes de nutrir sentimentos sublimes quando creem em algo maior do que elas mesmas. Eis aqui a chave para aceitar a diversidade, harmonizar os indivíduos e as nações e criar um mundo de paz e prosperidade.

As Leis da Missão
Desperte Agora para as Verdades Espirituais
IRH Press do Brasil

O autor afirma: "Agora é a hora". Quando a humanidade está se debatendo no mais profundo sofrimento, é nesse momento que Deus está mais presente. Estas também são as leis da salvação, do amor, do perdão e da verdade. Construa um túnel para perfurar a montanha da teoria.

As Leis da Invencibilidade
Como Desenvolver uma Mente Estratégica e Gerencial
IRH Press do Brasil

Okawa afirma: "Desejo fervorosamente que todos alcancem a verdadeira felicidade neste mundo e que ela persista na vida após a morte. Um intenso sentimento meu está contido na palavra 'invencibilidade'. Espero que este livro dê coragem e sabedoria àqueles que o leem hoje e às gerações futuras".

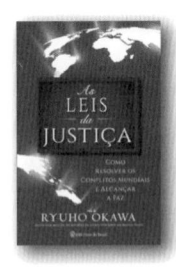

As Leis da Justiça – *Como Resolver os Conflitos Mundiais e Alcançar a Paz*
IRH Press do Brasil

Neste livro, o autor assumiu o desafio de colocar as revelações de Deus como um tema de estudo acadêmico. Buscou formular uma imagem de como a justiça deveria ser neste mundo, vista da perspectiva de Deus ou de Buda. Alguns de seus leitores sentirão nestas palavras a presença de Deus no nível global.

As Leis da Sabedoria
Faça Seu Diamante Interior Brilhar
IRH Press do Brasil

A única coisa que o ser humano leva consigo para o outro mundo após a morte é seu *coração*. E dentro dele reside a *sabedoria*, a parte que preserva o brilho de um diamante. O mais importante é jogar um raio de luz sobre seu modo de vida e produzir magníficos cristais durante sua preciosa passagem pela Terra.

As Leis da Perseverança
Como Romper os Dogmas da Sociedade e Superar as Fases Difíceis da Vida
IRH Press do Brasil

Você pode mudar sua forma de pensar e vencer os obstáculos da vida apoiando-se numa força especial: a perseverança. O autor compartilha seus segredos no uso da perseverança e do esforço para fortalecer sua mente, superar suas limitações e resistir ao longo do caminho que o levará a uma vitória infalível.

As Leis do Futuro
Os Sinais da Nova Era
IRH Press do Brasil

O futuro está em suas mãos. O destino não é algo imutável e pode ser alterado por seus pensamentos e suas escolhas: tudo depende de seu despertar interior. Podemos encontrar o Caminho da Vitória usando a força do pensamento para obter sucesso na vida material e espiritual.

As Leis Místicas
Transcendendo as Dimensões Espirituais
IRH Press do Brasil

Aqui são esclarecidas questões sobre espiritualidade, misticismo, possessões e fenômenos místicos, comunicações espirituais e milagres. Você compreenderá o verdadeiro significado da vida na Terra, fortalecerá sua fé e despertará o poder de superar seus limites.

As Leis da Imortalidade
O Despertar Espiritual para uma Nova Era Espacial
IRH Press do Brasil

As verdades sobre os fenômenos espirituais, as leis espirituais eternas e como elas moldam o nosso planeta. Milagres e ocorrências espirituais dependem não só do Mundo Celestial, mas sobretudo de cada um de nós e do poder em nosso interior – o poder da fé.

As Leis da Salvação
Fé e a Sociedade Futura
IRH Press do Brasil

O livro fala sobre a fé e aborda temas importantes como a verdadeira natureza do homem enquanto ser espiritual, a necessidade da religião, a existência do bem e do mal, o papel das escolhas, a possibilidade do apocalipse, como seguir o caminho da fé e ter esperança no futuro.

As Leis da Eternidade
A Revelação dos Segredos das Dimensões Espirituais do Universo
Editora Cultrix

O autor revela os aspectos multidimensionais do Outro Mundo, descrevendo suas dimensões, características e leis. Ele também explica por que é essencial para nós compreendermos a estrutura e a história do mundo espiritual e percebermos a razão de nossa vida.

As Leis da Felicidade
Os Quatro Princípios para uma Vida Bem-Sucedida
Editora Cultrix

Uma introdução básica sobre os Princípios da Felicidade: Amor, Conhecimento, Reflexão e Desenvolvimento. Se as pessoas conseguirem dominá-los, podem fazer sua vida brilhar, tanto neste mundo como no outro, e escapar do sofrimento para alcançar a verdadeira felicidade.

SÉRIE AUTOAJUDA

Os Verdadeiros Oito Corretos Caminhos
Um Guia para a Máxima Autotransformação
IRH Press do Brasil

Neste livro, Ryuho Okawa nos orienta, passo a passo, como aplicar no cotidiano os ensinamentos dos Oito Corretos Caminhos propagados por Buda Shakyamuni e mudar o curso do nosso destino. Descubra este tesouro secreto da humanidade e desperte para um novo "eu", mais feliz, autoconsciente e produtivo.

Twiceborn – Renascido
Partindo do comum até alcançar o extraordinário
IRH Press do Brasil

Twiceborn está repleto de uma sabedoria atemporal que irá incentivar você a não ter medo de ser comum e a vencer o "eu fraco" com esforços contínuos. Eleve seu autoconhecimento, seja independente, empenhe-se em desenvolver uma perspectiva espiritual e desperte para os diversos valores da vida.

Introdução à Alta Administração
Almejando uma Gestão Vencedora
IRH Press do Brasil

Almeje uma gestão vencedora com: os 17 pontos-chave para uma administração de sucesso; a gestão baseada em conhecimento; atitudes essenciais que um gestor deve ter; técnicas para motivar os funcionários; a estratégia para sobreviver a uma recessão.

O Verdadeiro Exorcista
Obtenha Sabedoria para Vencer o Mal
IRH Press do Brasil

Assim como Deus e os anjos existem, também existem demônios e maus espíritos. Esses espíritos maldosos penetram na mente das pessoas, tornando-as infelizes e espalhando infelicidade àqueles ao seu redor. Aqui o autor apresenta métodos poderosos para se defender do ataque repentino desses espíritos.

Mente Próspera – *Desenvolva uma Mentalidade para Atrair Riquezas Infinitas*
IRH Press do Brasil

Okawa afirma que não há problema em querer ganhar dinheiro se você procura trazer algum benefício à sociedade. Ele dá orientações valiosas como: a atitude mental de *não rejeitar a riqueza*, a filosofia do *dinheiro é tempo*, como manter os espíritos da pobreza afastados, entre outros.

Gestão Empresarial
Os Conceitos Fundamentais para a Prosperidade nos Negócios
IRH Press do Brasil

Uma obra muito útil tanto para os gestores empresariais como para aqueles que pretendem ingressar no mundo dos negócios. Os princípios aqui ensinados podem transformar um pequeno empreendimento em uma grande empresa, do porte daquelas cujas ações são negociadas na Bolsa de Valores.

O Milagre da Meditação
Conquiste Paz, Alegria e Poder Interior
IRH Press do Brasil

A meditação pode abrir sua mente para o potencial de transformação que existe dentro de você e conecta sua alma à sabedoria celestial, tudo pela força da fé. Este livro combina o poder da fé e a prática da meditação para ajudá-lo a conquistar paz interior e cultivar uma vida repleta de altruísmo e compaixão.

O Renascimento de Buda
A Sabedoria para Transformar Sua Vida
IRH Press do Brasil

A essência do budismo nunca foi pregada de forma tão direta como neste livro. Em alguns trechos, talvez os leitores considerem as palavras muito rigorosas, mas o caminho que lhes é indicado é também bastante rigoroso, pois não há como atingir o pico da montanha da Verdade Búdica portando-se como simples espectador.

Trabalho e Amor
Como Construir uma Carreira Brilhante
IRH Press do Brasil

Okawa introduz dez princípios para você desenvolver sua vocação e conferir valor, propósito e uma devoção de coração ao seu trabalho. Você irá descobrir princípios que propiciam: atitude mental voltada para o desenvolvimento e a liderança; avanço na carreira; saúde e vitalidade duradouras.

THINK BIG – Pense Grande
O Poder para Criar o Seu Futuro
IRH Press do Brasil

A ação começa dentro da mente. A capacidade de criar de cada pessoa é limitada por sua capacidade de pensar. Com este livro, você aprenderá o verdadeiro significado do Pensamento Positivo e como usá-lo de forma efetiva para concretizar seus sonhos.

Estou Bem!
7 Passos para uma Vida Feliz
IRH Press do Brasil

Este livro traz filosofias universais que irão atender às necessidades de qualquer pessoa. Um tesouro repleto de reflexões que transcendem as diferenças culturais, geográficas, religiosas e étnicas. É uma fonte de inspiração e transformação com instruções concretas para uma vida feliz.

A Mente Inabalável
Como Superar as Dificuldades da Vida
IRH Press do Brasil

Para o autor, a melhor solução para lidar com os obstáculos da vida – sejam eles problemas pessoais ou profissionais, tragédias inesperadas ou dificuldades contínuas – é ter uma mente inabalável. E você pode conquistar isso ao adquirir confiança em si mesmo e alcançar o crescimento espiritual.

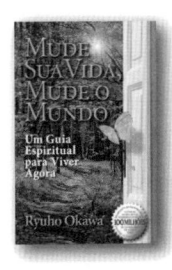

Mude Sua Vida, Mude o Mundo
Um Guia Espiritual para Viver Agora
IRH Press do Brasil

Este livro é uma mensagem de esperança, que contém a solução para o estado de crise em que vivemos hoje. É um chamado para nos fazer despertar para a Verdade de nossa ascendência, a fim de que todos nós possamos reconstruir o planeta e transformá-lo numa terra de paz, prosperidade e felicidade.

Pensamento Vencedor – *Estratégia para Transformar o Fracasso em Sucesso*
Editora Cultrix

Esse pensamento baseia-se nos ensinamentos de reflexão e desenvolvimento necessários para superar as dificuldades da vida e obter prosperidade. Ao estudar a filosofia contida neste livro e colocá-la em prática, você será capaz de declarar que não existe essa coisa chamada *derrota* – só existe o *sucesso*.

SÉRIE FELICIDADE

A Verdade sobre o Mundo Espiritual
Guia para uma vida feliz – IRH Press do Brasil

Em forma de perguntas e respostas, este precioso manual vai ajudá-lo a compreender diversas questões importantes sobre o mundo espiritual. Entre elas: o que acontece com as pessoas depois que morrem? Qual é a verdadeira forma do Céu e do Inferno? O tempo de vida de uma pessoa está predeterminado?

Convite à Felicidade
7 Inspirações do Seu Anjo Interior
IRH Press do Brasil

Este livro traz métodos práticos que ajudarão você a criar novos hábitos para ter uma vida mais leve, despreocupada, satisfatória e feliz. Por meio de sete inspirações, você será guiado até o anjo que existe em seu interior: a força que o ajuda a obter coragem e inspiração e ser verdadeiro consigo mesmo.

A Essência de Buda
O Caminho da Iluminação e da Espiritualidade Superior – IRH Press do Brasil

Este guia almeja orientar aqueles que estão em busca da iluminação. Você descobrirá que os fundamentos espiritualistas, tão difundidos hoje, na verdade foram ensinados por Buda Shakyamuni, como os Oito Corretos Caminhos, as Seis Perfeições, a Lei de Causa e Efeito e o Carma, entre outros.

Ame, Nutra e Perdoe
Um Guia Capaz de Iluminar Sua Vida
IRH Press do Brasil

O autor revela os segredos para o crescimento espiritual por meio dos *Estágios do amor*. Cada estágio representa um nível de elevação. O objetivo do aprimoramento da alma humana na Terra é progredir por esses estágios e conseguir desenvolver uma nova visão do amor.

O Caminho da Felicidade
Torne-se um Anjo na Terra
IRH Press do Brasil

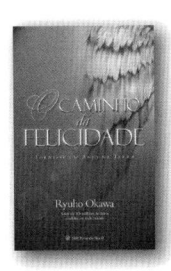

Aqui se encontra a íntegra dos ensinamentos de Ryuho Okawa, que servem de introdução aos que buscam o aperfeiçoamento espiritual: são *Verdades Universais* que podem transformar sua vida e conduzi-lo para o caminho da felicidade.

O Ponto de Partida da Felicidade
Um Guia Prático e Intuitivo para Descobrir o Amor, a Sabedoria e a Fé. Editora Cultrix

Como seres humanos, viemos a este mundo sem nada e sem nada o deixaremos. Podemos nos dedicar a conquistar bens materiais ou buscar o verdadeiro caminho da felicidade – construído com o amor que dá, que acolhe a luz. Okawa nos mostra como alcançar a felicidade e ter uma vida plena de sentido.

As Chaves da Felicidade
Os 10 Princípios para Manifestar a Sua Natureza Divina
Editora Cultrix

Neste livro, o autor ensina de forma simples e prática os dez princípios básicos – Felicidade, Amor, Coração, Iluminação, Desenvolvimento, Conhecimento, Utopia, Salvação, Reflexão e Oração – que servem de bússola para nosso crescimento espiritual e nossa felicidade.

SÉRIE ENTREVISTAS ESPIRITUAIS

Mensagens do Céu – *Revelações de Jesus, Buda, Moisés e Maomé para o Mundo Moderno*
IRH Press do Brasil

Mensagens desses líderes religiosos, recebidas por comunicação espiritual, para as pessoas de hoje. Você compreenderá como eles influenciaram a humanidade e por que cada um deles foi um mensageiro de Deus empenhado em guiar as pessoas.

Walt Disney
Os Segredos da Magia que Encanta as Pessoas
IRH Press do Brasil

Graças à sua atuação diversificada, Walt Disney estabeleceu uma base sólida para seus empreendimentos. Nesta entrevista espiritual, ele nos revela os segredos do sucesso que o consagrou como um dos mais bem-sucedidos empresários da área de entretenimento do mundo contemporâneo.

A Última Mensagem de Nelson Mandela para o Mundo
Uma Conversa com Madiba Seis Horas Após Sua Morte
IRH Press do Brasil

Mandela transmitiu a Okawa sua última mensagem de amor e justiça para todos, antes de retornar ao mundo espiritual. Porém, a revelação mais surpreendente é que Mandela é um Grande Anjo de Luz, trazido a este mundo para promover a justiça divina.